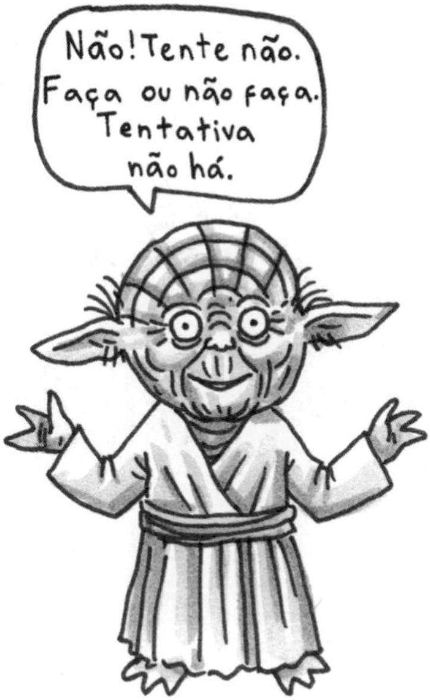
Não! Tente não. Faça ou não faça. Tentativa não há.

# STAR WARS®
## ACADEMIA JEDI

## Jeffrey Brown

Tradução: Isadora Prospero

ALEPH

# Academia Jedi

TÍTULO ORIGINAL:
JEDI ACADEMY

TRADUÇÃO:
Isadora Prospero

REVISÃO:
Isabela Talarico
Janaína Lira
Carla Bitelli

CAPA E DIAGRAMAÇÃO:
Desenho Editorial

DIREÇÃO EXECUTIVA:
Betty Fromer

DIREÇÃO EDITORIAL:
Adriano Fromer Piazzi

EDITORIAL:
Daniel Lameira
Katharina Cotrim
Mateus Duque Erthal
Bárbara Prince
Júlia Mendonça
Andréa Bergamaschi

COMUNICAÇÃO:
Luciana Fracchetta
Pedro Henrique Barradas
Lucas Ferrer Alves
Renata Assis

COMERCIAL:
Orlando Rafael Prado
Fernando Quinteiro
Lidiana Pessoa
Roberta Saraiva
Ligia Carla de Oliveira
Eduardo Cabelo
Stephanie Antunes

FINANCEIRO:
Roberta Martins
Rafael Martins
Rogério Zanqueta
Sandro Hannes

LOGÍSTICA:
Johnson Tazoe
Sergio Lima
William dos Santos

EDITORA ALEPH

RUA LISBOA, 314
05413-000 - SÃO PAULO - SP - BRASIL
TEL.:[55 11] 3743-3202
www.editoraaleph.com.br

DADOS INTERNACIONAIS DE CATALOGAÇÃO NA
PUBLICAÇÃO (CIP)
(CÂMARA BRASILEIRA DO LIVRO, SP, BRASIL)

Brown, Jeffrey
Academia Jedi / Jeffrey Brown; [tradução
Isadora Prospero]. -- São Paulo: Aleph, 2015.

Título Original: Jedi Academy.
ISBN 978-85-7657-267-1

1. Histórias em quadrinhos I. Título.

15-07103                                   CDD-741.5

ÍNDICES PARA CATÁLOGO SISTEMÁTICO:

1. Histórias em quadrinhos          741.5

Há muito tempo, numa galáxia muito, muito distante...

Vivia um garoto chamado Roan Novachez (esse sou eu), que estava destinado a ir para a Escola Secundária Academia de Pilotos e se tornar o MAIOR piloto estelar na galáxia. Até que tudo deu TOTAL e COMPLETAMENTE errado...

esta é a cara que eu costumava fazer antes do começo desta história (mamãe a chama de "cara feliz")

eu... depois que tudo deu errado

Bem, Roan, como se sente agora que terminou a escola primária?

Ótimo! Mal posso esperar pela Academia de Pilotos!

Seu pai enviou um holograma de Alderaan...

PARABÉNS, ROAN! ESTOU ORGULHOSO DE VOCÊ!

PARABÉNS, ROAN! ESTOU ORGULHOSO DE VOCÊ!

PARABÉNS, ROAN! ESTOU ORGULHOSO DE VOCÊ!

PARABÉNS, ROAN! ...GULHOSO ...CÊ!

Acho que enguiçou...

Mãe, minha carta da Academia de Pilotos já chegou?

Ainda não, chegará em breve.

Mal posso esperar! Davin disse que o primeiro ano dele na Academia foi INCRÍVEL.

Bem, até lá você ainda tem tarefas a cumprir no jardim.

Ai, trabalhar no jardim é tão chato!

Ainda bem que não vou ter que ir pra Academia de Agricultura de Tatooine. Estou louco pra voar pelo espaço!

Minha primeira história em quadrinhos!

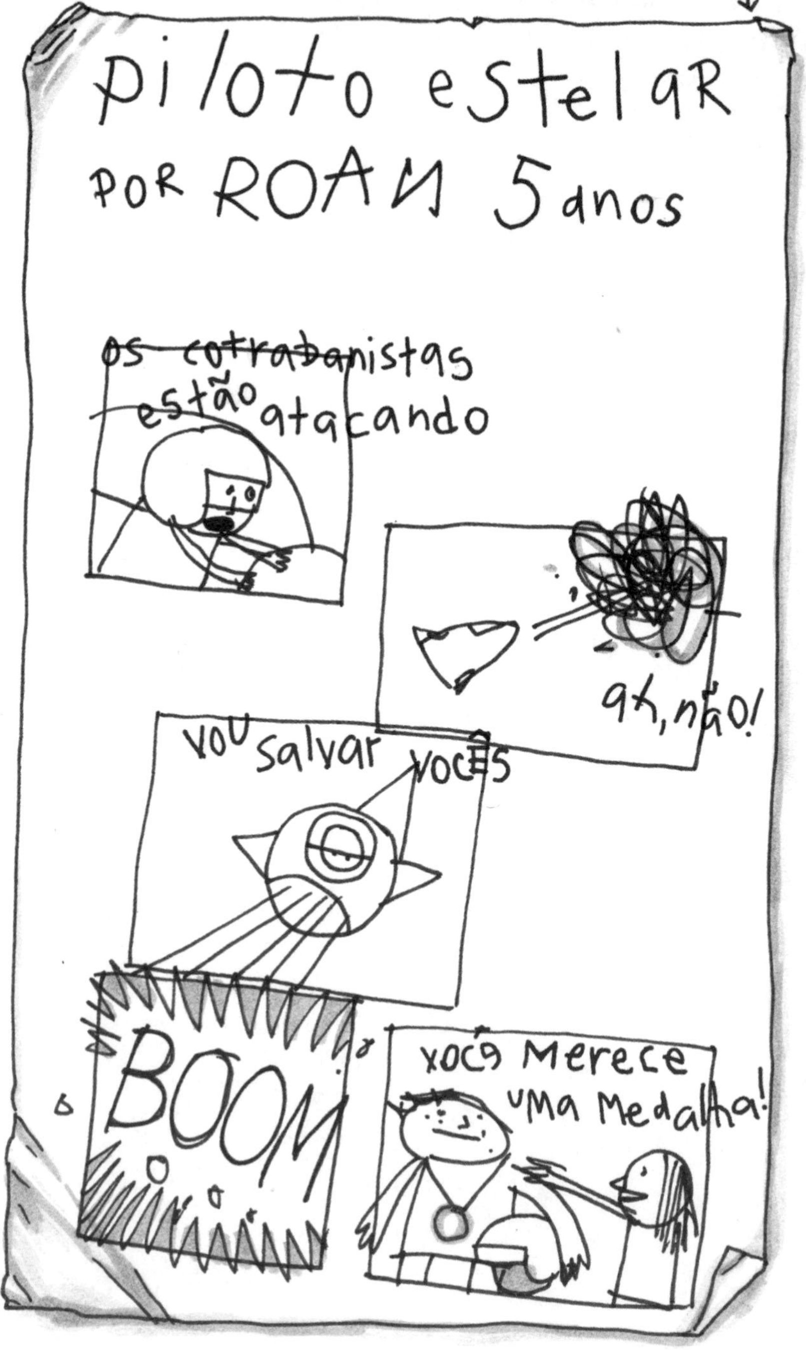

Davin, papai e eu

Roan

Dav na Academia de Pilotos

CONCURSO
SIMULAÇÃO
ANUAL
DE
PILOTO
ESTELAR
2º
LUGAR

Oliver e mamãe

Roan

T-16

9

Oi, Ro,

Parabéns por terminar a escola primária. Aposto que está animado para as férias de verão. E aposto que vai estar aqui na Academia de Pilotos antes do que imagina. No momento, estamos testando uns novos protótipos de naves. Não ficou tão bom quanto seus desenhos, mas aqui vai um rascunho de como elas são, mais ou menos:

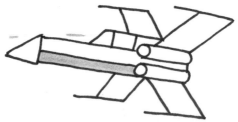

Enfim, papai e eu estamos animados pra te ver pilotando naves reais em breve!
— Dav (seu irmão, lembra?)

P.S.: Manda um oi pra mamãe e pro Ollie por mim!

... e o mais legal é que sei que vou entrar por mim mesmo, não porque meu pai ou meu irmão estão na Academia...

Gente, olha só!

Jax e eu recebemos nossas cartas de aceitação da Academia de Pilotos!

Já recebeu a sua, Roan?

Er... não.

Parabéns, pessoal!

Para: Roan Novachez
RE: Sua inscrição

Caro Roan,
Obrigado por sua inscrição para a Academia de Pilotos. No entanto, depois de analisar suas notas, atividades extra-curriculares, cartas de recomendação e redação pessoal, teremos que negar sua entrada na Academia neste momento. Embora quase todos os candidatos sejam aceitos na Academia, um pequeno número de alunos é rejeitado por razões diversas. Desejamos o melhor a você ao começar esta nova e emocionante fase em sua educação!

Boa sorte,

Senador Blagotine

PARA USO OFICIAL ESCOLA ALTERNATIVA RECOMENDADA

Academia de Agricultura de Tatooine

| ESCOLA DE PILOTOS | VS. ESCOLA DE PLANTAS |
|---|---|
| - vovô, papai e Davin são todos pilotos | - vou ficar preso em Tatooine pelo resto da vida |
| - pilotar as naves mais modernas | - vou ter que passar mais tempo lavando roupas empoeiradas |
| - cabines com ar-condicionado | - vou ficar enjoado de comer verduras |
| - viajar por toda a galáxia | - vou ter que espalhar adubos de banthas |
| - usar trajes de voo superlegais | - vou ter que trabalhar sozinho boa parte do tempo |
| - voar com copilotos | |
| - ver planetas no espaço | - vou ter que encarar pequenos pedaços de terra por horas |
| - poder ouvir música enquanto piloto | - entra areia na cueca toda hora |
| - decolar é a sensação mais legal que existe | - vai cair suor nos meus quadrinhos na hora do almoço |

## MINHA VIDA ACABOU!

# DUO-FEIRA (pior duo-feira de todos os tempos)

Então, minha mãe fica dizendo que não
é o fim do mundo, mas totalmente,
definitivamente e
absolutamente é!
Peraí, vou fechar
minha porta e gritar o
mais alto possível...

> Tudo bem!

> Não é o fim do mundo!

> Não é tão ruim!

> Não tem problema!

> Por que você não escreve sobre isso no seu diário?

OK, estou de volta. Mas não me sinto melhor.
Nunca quis ser nada além de piloto de
caça estelar, a não ser quando eu tinha
quatro anos e queria ser piloto de
speeder truck. Nem sei ~~por que~~ não posso
ir para a Academia de Pilotos! E agora
vou ter que contar pro papai e pra Davin, e
eles vão ficar totalmente decepcionados.
E quando Reg e Jax descobrirem, vão
pensar que tem algo errado comigo.
É como se o ~~universo~~ universo não
me deixasse esquecer que não vou
ser piloto.

> Roan!

> Roan voa!

← Não, OLLIE.
ROAN
NÃO VOA.

14

Tipo, no mesmo dia que recebi minha carta de rejeição, chegou o novo número do Catálogo Trimestral Yuzzum de Tecnologia de Naves Espaciais.

Não consegui nem ler os artigos porque estava chateado demais... Não olhei nem as imagens. Devia cancelar logo a minha assinatura. E me preparar para a Academia de Agricultura de Tatooine, porque essa é minha única opção agora. Por que eles acham uma boa ideia eu ir para a escola de plantas? Isto foi o que aconteceu com os acopladores de energia dos vaporizadores de umidade depois que mexi neles na aula de ciência e tecnologia:

Antes de Roan! ↳

Depois de Roan. ↳

Bom, enfim, acho que não importa agora. Estou perdido.

PERDIDO →

Para: Roan Novachez
RE: Academia Jedi

Caro Roan,

Recentemente, sua inscrição à Academia de Pilotos chegou ao conhecimento do mestre Yoda na Academia Jedi de Coruscant. Em nome dele, gostaria de convidá-lo para estudar na Academia Jedi neste ano letivo. Você encontrará anexado um folheto com seu programa de aulas, detalhes da viagem, outras informações e vinte páginas de formulários para preencher.

Que a Força esteja com você,

**DIRETOR MAR**

Forte em você a Força é. Jedi você pode ser. Muito potencial você tem. Ensinar você bom será!
—Mestre Yoda

# PENTA-FEIRA

Bem, agora sei para qual escola eu vou: Academia Jedi. Acho que não vai ser tão ruim. Sei que os Jedi usam um tipo de espada laser, o que me parece bem legal, embora mamãe tenha murmurado algo sobre tomar cuidado. Só não sei quando os Jedi usam essas espadas, porque acho que são diplomatas ou embaixadores a maior parte do tempo. Estava falando com Jax e Reg, e eles disseram que estou mentindo, que de jeito nenhum entrei na Academia Jedi, porque você só é escolhido para o treinamento Jedi quando é criança. Então mostrei os papéis para eles. Daí eles riram e disseram que provavelmente vou estudar numa turma com bebês. Enfim, a Academia fica num planeta chamado Coruscant, que é bem longe:

o← Tatooine | Coruscant →o

Mas não importa, porque a mamãe já enviou os formulários e eu vou pra lá semana que vem. Pelo menos não vou ter que ir pra escola de plantas.

Roan Planta!

# BEM-VINDO À ACADEMIA JEDI

Localizada no fervilhante planeta-metrópole Coruscant, a Academia Jedi é a principal instalação de treinamento para cavaleiros Jedi. Esse complexo ultramoderno possui tudo o que é necessário para o treinamento Jedi mais completo possível, com os melhores e mais promissores alunos atingindo os níveis mais altos de aprendizagem.

# ACADEMIA JEDI - F.A.Q.

## O QUE É UM JEDI?

Um Jedi é um guerreiro diplomata que luta pela paz e pela justiça por toda a galáxia.

## QUE FERRAMENTAS O JEDI USA?

O Jedi usa um sabre de luz — um tipo de espada com uma lâmina de energia pura — e a Força.

## O QUE É A FORÇA?

A Força é um campo de energia invisível criado por todas as coisas vivas. A Força dá poder ao Jedi, permitindo que ele faça coisas extraordinárias, como mover objetos com a mente.

## OS ALUNOS VÃO APRENDER "TRUQUES MENTAIS DOS JEDI"?

Os truques mentais dos Jedi são um modo de usar a Força para influenciar os pensamentos e as decisões de outros seres sencientes. Alunos iniciantes ainda não serão instruídos em truques mentais.

## E QUANTO AO LADO SOMBRIO DA FORÇA?

O lado sombrio é um aspecto da Força que resulta de emoções negativas, como raiva ou ódio. Os alunos da Academia Jedi aprenderão a resistir ao lado sombrio.

## QUEM SÃO OS PROFESSORES?

O corpo docente da Academia Jedi inclui Jedi veteranos, em especial o mestre Yoda, que tem centenas de anos de experiência.

# CONHEÇA OS PROFESSORES DA ACADEMIA JEDI

**DIRETOR MAR**
Ciências, filosofia

**MESTRE YODA**
Uso da Força

**SRA. PILTON**
Matemática, história

**KITMUM**
Educação Física

**SR. GARFIELD**
Sabres de luz, economia doméstica

**BIBLIOTECÁRIA LACKBAR**
Literatura, arte

**RW-22**
Conselheiro escolar

**T-P3O**
Tutor [fim do semestre]

Os alunos vão morar em tempo integral no *campus* da Academia Jedi, onde serão ensinados por Cavaleiros Jedi de verdade, com experiência no mundo real, em uma ampla gama de assuntos — história galáctica, ciências, duelos com sabre de luz, política, arte, redação, matemática e uso da Força.

Estudantes adorarão experimentar novos e incomuns alimentos de todos os cantos da galáxia na cantina do Templo Jedi.

Amizades para a vida toda serão formadas em excursões intergalácticas a diferentes sistemas estelares da República, feitas para promover uma educação culturalmente ampla.

OI, ROAN

A MAMÃE DIZ QUE VOCÊ ESTÁ TRISTE POR NÃO TER ENTRADO NA ACADEMIA DE PILOTOS, MAS ESTOU ORGULHOSO DE VOCÊ MESMO ASSIM —SER ACEITO NA ACADEMIA JEDI É UMA GRANDE HONRA! ACHO QUE VOCÊ VAI APRENDER MUITO MAIS DO QUE IMAGINA, E VAI SE DIVERTIR BASTANTE, ESPECIALMENTE APRENDENDO A USAR A FORÇA. VOCÊ PODE SE INSCREVER NA ACADEMIA DE PILOTOS NO ANO QUE VEM, SE AINDA QUISER, MAS DÊ UMA CHANCE AOS JEDI ANTES. E VEJA O QUE ACHA.

COM AMOR, PAPAI

P.S.: AQUI VAI UMA INSÍGNIA COMO A QUE EU USO EM MEU TRAJE DE VOO. LEMBRE-SE DE QUE EU AINDA ACREDITO EM VOCÊ.

Roan, está quase na hora de ir, você está pronto? Pegou tudo de que precisa?

Acho que sim... Livros, meu diário, canetas para desenho, caderno, player de música, holofone, skate, HQs...

E as suas roupas?

Opa!

Rápido!

COISAS COISAS COISAS

É tarde demais pra mudar de ideia?

Vai ficar tudo bem. Amo você!

PARE

Tchau, mãe! Tchau, Ollie!

Acho que me perdi...

Ei! Ei, você!

Sou Pasha. Você é o garoto novo, não é? Como se chama?

Sou Roan.

Oi, garoto novo!

Este é Bill.

BIP BO BLIP!

RW-22 diz "Bem-vindo à Academia Jedi".

Sai da frente!

Quem é esse?

Um garoto novo.

EMPURRÃO!

# Observações sobre o mestre Yoda

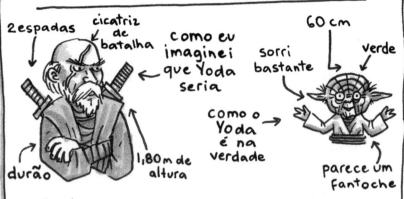

2 espadas

cicatriz de batalha

como eu imaginei que Yoda seria

60 cm

sorri bastante

verde

durão

1,80m de altura

como o Yoda é na verdade

parece um fantoche

—Tudo misturado diz ele.
Ao contrário ele fala.

muito, muito enrugado

Não consigo entender metade das coisas que ele diz. Mas ele tem setecentos anos de idade. Será que era mais fácil entendê-lo uns duzentos anos atrás?

Heh Heh Heh!

MUITOS pelos na orelha →

Hm?

Hmmm

Aproximadamente 10 R.P.M.
(risadas por minuto)

15 H.P.M. (Hmmms por minuto)

\*Talvez tenha virado professor em vez de ser Jedi em tempo integral porque está ficando senil...

| ALUNO: ROAN NOVACHEZ | |
|---|---|
| NÍVEL: PADAWAN | SEMESTRE: 1° |
| TURMA: MESTRE YODA | |
| PROGRAMA DE AULAS | |

## 0730 - 0850: ELEVAÇÃO BÁSICA COM A FORÇA

O MESTRE YODA ENSINARÁ OS ALUNOS A ERGUEREM OBJETOS COM A FORÇA, INCLUINDO PEDRAS, DROIDES E CAIXAS.

## 0900 - 0950: HISTÓRIA GALÁCTICA

A SRA. PILTON CONTARÁ AOS ALUNOS COMO A REPÚBLICA FOI FORMADA, DE ONDE VÊM OS JEDI ETC.

## 1000 - 1050: ÁLGEBRA

A SRA. PILTON INSTRUIRÁ OS ALUNOS EM EQUAÇÕES MATEMÁTICAS AVANÇADAS QUE ELES CERTAMENTE USARÃO EM ALGUM MOMENTO DA VIDA.

## 1100 - 1150: CIÊNCIAS

O DIRETOR MAR ORIENTARÁ OS ALUNOS NA REALIZAÇÃO DE DIVERSOS EXPERIMENTOS USANDO O MÉTODO CIENTÍFICO.

## 1200 - 1300: ALMOÇO

## 1300 - 1350: ARTE E LITERATURA

A BIBLIOTECÁRIA LACKBAR APRESENTARÁ AOS ALUNOS OBRAS ESSENCIAIS DA LITERATURA E DA ARTE DE TODOS OS CANTOS DA GALÁXIA.

## 1400 - 1450: INTRODUÇÃO À CONSTRUÇÃO DE SABRES DE LUZ

O SR. GARFIELD ENSINARÁ OS ALUNOS A CONSTRUIREM SEUS PRÓPRIOS SABRES DE LUZ.

## 1500 - 1550: EDUCAÇÃO FÍSICA

KITMUM OS MANTERÁ EM FORMA COM UMA SÉRIE DE EXERCÍCIOS ATLÉTICOS RIGOROSOS.

Vau, os corredores estão vazios! Acho que vou ser o primeiro a chegar hoje!

Atrasado você está... O início você perdeu.

Ai, não! Deixei o relógio no horário de Tatooine!

## MONO-FEIRA

Então, estou aqui há dois dias e já deu pra ver que não sirvo pra isso. Literalmente. Até a camiseta da Academia Jedi que ganhei era do tamanho extra PP. Parece que a maioria dos alunos é legal, pelo menos, mas todos ~~estudão~~ estudam a Força desde que eram pequenos, e eu nem sempre entendo o que estão falando. Acho que sempre pensei que "a Força" fosse só uma coisa que a gente diz — sabe, tipo "Que a Força esteja com você" ou "Boa sorte" ou "Até mais". Mas aparentemente a Força é uma força _de verdade_. Como a gravidade. Só que você pode usá-la. Pelo menos um Jedi pode. Não sei se vou conseguir... Me disseram que a gente passa parte de cada manhã só "sentindo a Força". Imagino que vamos ficar todos sentados encarando o chão ou alguma coisa assim...

Sem... fôlego...

Eu não sinto nad... espere! Isso foi a Força? não.

Mas vou poder treinar com sabres de luz, o que provavelmente será a única parte divertida da escola.

Claro, o professor dessa aula é o sr. Garfield, que eu conheci no encontro de orientação. Acho que ele já não gosta de mim, porque não me disse nada. Mesmo assim, falou mais que a professora de ginástica, Kitmum.

Pelo menos, mais do que eu consegui entender, porque ela é uma Wookiee; Não consigo lembrar o nome dos outros professores porque a essa altura já estava me sentindo zonzo. Por enquanto vou ficar no dormitório. Tem uma janela, mas a vista não é muito interessante.

# LIÇÃO DE CASA

NOME DO ALUNO: _Roan_
ENTREGA: _próxima qua-feira_  18/20 g

QUESTÃO 1: De onde flui o poder de um Jedi e para que um Jedi a usa?

_a Força_ ✓
_conhecimento e defesa_ ✓

QUESTÃO 2: Cite três coisas com que um Jedi deve tomar cuidado para não ser levado para o lado sombrio.

1. raiva ✓   2. ~~impaciência~~ medo ✓
3. ódio   ok-agressão

QUESTÃO 3: Como um Jedi cumpre suas metas?

A. Tentar  B. Tentar não  (C. Fazer)
D. Não fazer  E. Nenhuma das anteriores ✓

QUESTÃO 4: Quais são os cinco preceitos essenciais do Código Jedi?

1. conhecimento, não ignorância ✓  2. Harmonia, não caos  3. Paz, não emoção ✓
4. Serenidade, não paixão ✓  (5.) -1

# TRI-FEIRA

Bem, achei que finalmente tinha sentido a Força na semana passada. Comecei a me sentir zonzo e estranho. Depois, me disseram que eu comecei a falar bobagens e então desmaiei. Acordei uma hora depois num tanque de bacta (o que foi bem legal, tirando que eu estava só de cueca). O droide médico disse que eu não estava comendo nem dormindo o suficiente. Então eu não estava sentindo a Força, só faminto e cansado, o que não é totalmente culpa minha. Ainda estou me acostumando com a cantina, porque eles

Isto era meu almoço

SALTO!

servem umas comidas MUITO estranhas. Tentáculos assados? Argh. Mas finalmente experimentei algumas coisas. Não é tão ruim se você está com fome o bastante. Também é difícil dormir com tanta coisa acontecendo. Sinto que estou perdido metade do tempo. ESTOU perdido metade do tempo. Tentar se localizar no Templo Jedi é como tentar se localizar no espaçoporto de Mos Eisley sem saber o que é um espaçoporto! Quando me perco, procuro alguém conhecido e o sigo...

Cyrus e Cronah assistem às mesmas aulas que eu, então tentei segui-los por aí, até que eles começaram a me olhar de um jeito estranho.

> Por que o garoto novo tá seguindo a gente?

Todos sabem muito mais que eu, porque tiveram treinamento Jedi praticamente a vida toda. E eu sou o único aluno de Tatooine, outro motivo pelo qual deveria estar na Academia de Pilotos. Enfim, a maior parte das lições é até fácil, a não ser sentir a Força. Todo mundo tem um conselho pra dar:

> Encontre seu lugar feliz!

(não funcionou)

> Não se preocupe tanto, seja paciente.

(ainda não me diz COMO usar a Força)

Egon só ficou me encarando

(Pelo menos estava me encarando com simpatia)

Semana passada ~~algumas~~ alguns alunos foram ver um holofilme e perguntaram se eu queria ir também. Eu disse que não estava me sentindo bem (e eles acreditaram depois do meu desmaio), mas na verdade só estava aliviado por poder ficar sozinho e desenhar umas tirinhas. Então, eu estava no meu quarto, sentado com meu diário, pensando sobre nada em especial, quando aconteceu:

Tudo pareceu diferente, mas igual... Acho que eu SEMPRE senti a Força, só que nunca percebi que era o que eu estava sentindo!

Ro,

Desculpe por não escrever há um tempo, mas estávamos em treinamento no sistema Hoth. Você deveria estar feliz por não estar na Academia de Pilotos — passamos duas semanas morrendo de frio num planeta gelado! Eu contei para o pessoal daqui que você foi para a Academia Jedi e todos ficaram bastante impressionados, na verdade. Não quero te pressionar, mas acho que é um negócio importante. Você vai fazer umas coisas legais aí.

Só não fique convencido, eu ainda serei um piloto antes de você ser um Jedi!

Dav

P.S.: Os caras disseram pra te avisar que "truques mentais dos Jedi" não funcionam em irmãos mais velhos!

Lembre-se de sentir a força!

## Elevação Básica com a Força

1. limpe sua mente (a não ser do objeto que você quer erguer?)
2. use a Força pra erguer o objeto*
   <u>DICAS</u>

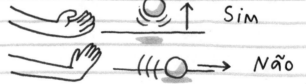

Sim

Não

\* Tamanho não faz diferença

Os Jedi não usam a Força só por conveniência, mas Padawans devem ~~tentar~~ (tentativa não há) <u>praticar</u> usar a Força para ligar a holotevê, fazer o jantar, limpar o quarto

LIÇÃO DE CASA: ser capaz de erguer um livro do chão até a mesa usando a Força até semana que vem.

## holomail

OPÇÕES
◀ RESPONDER
▶ ENCAMINHAR
☐ IMPRIMIR
⊙ POSTAR NO HOLOLIVRO

**QUANDO:** SEMANA SETE

**ONDE:** PLANETA KASHYYYK

**OBJETIVOS:** Estudar a cultura e a tecnologia wookiee e os vários ecossistemas de Kashyyyk. O horizonte dos alunos será ampliado.

**ATIVIDADES:** Os alunos vão assistir a uma reunião oficial do Conselho Wookiee, conhecer povoados wookiees e acampar em florestas de árvores wroshyr para estudar a flora nativa.

**OBSERVAÇÕES:** Os alunos serão acompanhados por diversos Jedi, mas viajarão por áreas habitadas por Katarns e tecedores-de-teias, que são conhecidos por atacar criaturas pequenas.

**ACOMPANHANTES:** Mestre Yoda, Kitmum e RW-22

**O QUE LEVAR:** Caderno e caneta, holocâmera, botas de escalada, *Manual de tradução Wookiee*, meias extras, lanchinhos, garrafa d'água, senso de aventura.

## DUO-FEIRA

Estamos de volta e eu ia colocar algumas fotos da viagem aqui, mas não encontro a minha holocâmera em lugar nenhum. Procurei em todas as malas e nada. Então, em algum lugar em Kashyyyk há uma holocâmera cheia de fotos minhas posando na frente de coisas. Acho que vou só desenhar o que eu vi. Aqui está o povoado → wookiee onde começamos. Nossa primeira atividade

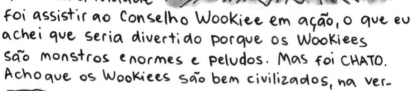

foi assistir ao Conselho Wookiee em ação, o que eu achei que seria divertido porque os Wookiees são monstros enormes e peludos. Mas foi CHATO. Acho que os Wookiees são bem civilizados, na ver-

RARR!

RAR.

dade, mesmo que balancem os braços e rosnem bastante. Kitmum estava traduzindo pra gente, mas na prática só estava rosnando também. Pelo menos tínhamos ela para nos guiar por ali. Quando chegou a hora de irmos embora, tivemos que acordar Cronah, porque ele dormiu (e babou na camiseta). Ronald fez várias anotações. Acho que ele quer se candidatar a presidente do Conselho Estudantil. Então talvez assistir ao Conselho Wookiee tenha valido a pena.

Rar!

Tenho que dizer que Kashyyyk é um planeta incrível. Minha parte favorita da viagem foi acampar.

As árvores eram enormes! Passamos boa parte da manhã colocando as coisas no nosso bantha. Sim, eles têm banthas em Kashyyyk, igualzinho a Tatooine! Eles também têm todo tipo de criaturas estranhas, sobre as quais Yoda ficou nos alertando.

É difícil saber se ele estava falando sério, porque ele sempre ria quando nos contava sobre elas...

← Yoda

tecedor-de-
-teia

katarn

48

A gente escalou até o lugar do acampamento e fomos explorar. Comecei meio mal, porque Gaiana ficou bastante brava comigo por algo que foi totalmente acidental. Na verdade, ela quase não falou comigo pelo resto da viagem.

Fiquei meio envergonhado, então saí para explorar sozinho. A gente devia se encontrar de novo no acampamento `as 1600, mas, quando voltamos, Pasha tinha desaparecido! RW-22 não nos ajudou a procurar porque não consegue rolar muito bem pela floresta, então Yoda nos dividiu em equipes de busca.

Ainda bem que a gente voltou antes de ficar escuro...

Por quê? Acha que ia ficar difícil de enxergar?

Não, por causa do Wookiee fantasma!

O Wookiee fantasma é o espírito de um Wookiee furioso que assombra as florestas de Kashyyyk, procurando viajantes desprevinidos para esmagar em seus braços enormes!

Que foi? É só uma história, estou brincando com vocês.

URR?

Ahn...

AAAAAHHHHH!

salve-se quem puder!

AORRR?

coça coça

51

# ANÚNCIOS !

## JUNTE-SE
ao clube de holoxadrez

Encontros na sala 304

## PROCURAM-SE:
- Escritores
- Artistas · Fotógrafos

Trabalhe no melhor jornal do Templo Jedi

* receba 3 créditos--aula extras

### Não se esqueça:
o prazo para se candidatar ao conselho estudantil é a próxima hexa-feira

Por favor, recicle seus holocontêineres

## A EQUIPE DE TREINO COM SABRE DE LUZ
começa seus encontros depois da aula de ginástica.
## NÃO SE ATRASE!
(supervisor: Sr. Garfield)

## PALESTRA DE PROFESSOR CONVIDADO
Albert, o Hutt
"Sobre a física da Força"
qua-feira às 1200

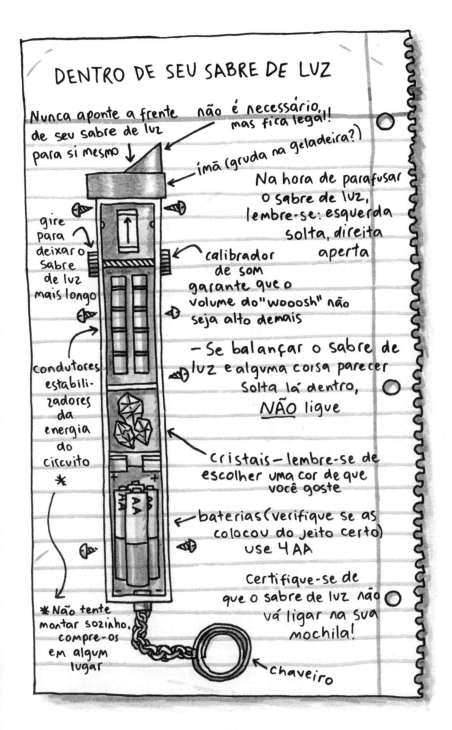

# DENTRO DE SEU SABRE DE LUZ

Nunca aponte a frente de seu sabre de luz para si mesmo ↓

não é necessário, mas fica legal!!

imã (gruda na geladeira?)

Na hora de parafusar o sabre de luz, lembre-se: esquerda solta, direita aperta

gire para deixar o sabre de luz mais longo

← calibrador de som garante que o volume do "wooosh" não seja alto demais

condutores estabilizadores da energia do circuito *

— Se balançar o sabre de luz e alguma coisa parecer solta lá dentro, NÃO ligue

cristais — lembre-se de escolher uma cor de que você goste

← baterias (verifique se as colocou do jeito certo) use 4 AA

Certifique-se de que o sabre de luz não vá ligar na sua mochila!

* Não tente montar sozinho, compre-os em algum lugar

← chaveiro

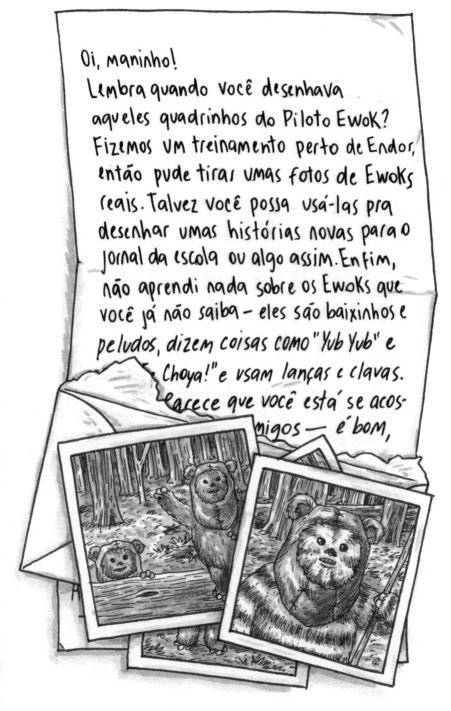

## TRI-FEIRA

Tem sido uma semana OK até agora. Comecei a desenhar os quadrinhos do Piloto Ewok para o Observador Padawan e tirei 10 na minha redação sobre os efeitos econômicos da supernova Cron nas rotas comerciais galácticas. Esta semana, estamos todos trabalhando em nossos projetos para a feira de ciências. Parece que todo mundo está fazendo algo relacionado à Força... Bill está fazendo um estudo do impacto ambiental do uso da Força perto de rios. Gaiana está usando a Força para melhorar o gosto de xarope. E eu nem consigo usar a Força! Pelo menos não consistentemente. Cronah diz que ~~assident~~ acidentalmente erguer um lápis não conta. Eu ia fazer um projeto sobre pitotos estelares, mas Cronah e Cyrus já estão fazendo um e disseram que eu estava copiando a ideia deles. Seria mais fácil pensar em algo se eu estivesse em casa. Aqui tem tanta coisa acontecendo que é difícil me concentrar.

Então acho que lugares que são chatos a maior parte do tempo têm algumas vantagens. Como eu não sabia o que fazer para o meu projeto, Pasha me ajudou a pensar e decidi fazer um vulcão de bicarbonato de sódio. Sei que parece bem simples, mas acabei pesquisando sobre o planeta-vulcão Mustafar, e incluí no meu modelo detalhes de rocha fundida e minerais liquefeitos com informações sobre como a crosta do planeta afeta a atividade magmática. Pasha e eu acabamos nos ajudando com os nossos projetos. Ele precisava de alguém para fazer medições enquanto testava seu protótipo de sabre de luz com cristais de eficiência aumentada (basicamente só tive que anotar uns

O conselho de Yoda sobre o método científico Jedi:

Apenas ALGUMAS VEZES um Jedi deve limpar sua mente de questões!

números). Depois, Pasha me ajudou a montar alguns modelos para o meu vulcão. Os dois projetos ficaram bem legais. Com certeza vou tirar 10 no meu experimento!

Hmmm... Muito parecido com um vulcão real isso foi!

Vau, Roan, sinto muito... Não sobrou muito do seu projeto, hein?

Não... Só encontrei este pedacinho.

É uma réplica exata da planta de processamento da Techno Union usada para extrair os minérios raros de vulcões em Mustafar.

Sério? Parece um papel de bala velho.

Ah. Você tem razão, é só um papel de bala velho.

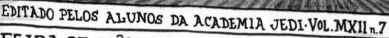

# O Observador Padawan

EDITADO PELOS ALUNOS DA ACADEMIA JEDI·VOL.MXII n.7

## FEIRA DE CIÊNCIAS DE CORUSCANT ACABA COM UM BANG

A feira de ciências deste ano acabou com um bang — literalmente, graças ao vulcão de bicarbonato de sódio defeituoso do Padawan Roan Novachez. O mestre Yoda não acredita que o acidente tenha sido causado por "mau uso da Força". Qualquer que tenha sido a causa, o vulcão de Roan explodiu, borrifando alunos e professores com fermento de cozinha.

Shi-fara ganhou o primeiro lugar na feira quando seu droide conseguiu limpar toda a bagunça em 15 minutos sem quebrar mais nada. O segundo lugar foi para Egon Reich, por sua Máquina de Movimento Perpétuo à base de Força, apesar de a invenção ter parado de funcionar um pouco antes do fim da competição (continua na página 2)

# HEXA-FEIRA

Como eu ainda só consigo erguer coisas
pequenas com a Força, Bill se ofereceu
para me ajudar a praticar no fim de sema.
na passado e trouxe RW-22 ao meu quarto.

Bill se sentou, concentrando-se
por um momento, e o RW-22
começou a flutuar. Bill disse
que fica mais fácil se ima-
ginar que o RW-22 tem propulsores de foguete
nos pés. Parece meio bobo, mas, considerando
minha falta de sucesso, imaginei que valia a
pena tentar. Então eu o encarei, estendendo a mão,
e me concentrei em sentir a Força
enquanto imaginava pezinhos de
propulsores de foguete
em RW-22. Mas RW-22 não se moveu;
só começou a fazer bipes e assobiar e girar a
cabeça. Nem Bill sabia o que RW-22 estava dizendo,
mas não era nada bom. Depois que o acalmamos,
tentei de novo. Dessa vez, RW-22 se moveu —
não para cima, ele só rolou pra fora do quarto.
Mas antes parou e se virou para me dar um
bipe mais irritado. Não sei o
que fiz de errado, mas RW-22
estava bem quando o encontrei mais tarde. Talvez tenha
apagado o incidente do seu banco de memória...

# Coisas que ~~toda~~ disse essa semana
## Kitmum

RAWWARRRR RRRRR!!

\* Bom trabalho, pessoal. Estou orgulhosa de como vocês se esforçaram hoje.

RWOARRR

← nenhum de nós conseguiu adivinhar sobre o que ela estava falando ↙ aqui

RAAOWWRRR

RAWARR!

\* Não consigo encontrar meu apito!

RWEARRRGH?!

\* Alguém pegou meu apito?!

RWAR!

\* Ah, eu estava segurando ele o tempo todo!

Certo, as eleições para o Conselho Estudantil estão chegando. Quem quer escrever sobre elas?

Eu quero!

Ronald? O que você está fazendo aqui?

Eu cubro as eleições!

Ronald, você nem faz parte da equipe do jornal! Além disso, é candidato a presidente na eleição, não pode escrever sobre ela!

Por que não?

É um conflito de interesse.

Mas eu tenho justamente o conhecimento interno ideal pra escrever um artigo abrangente e aprofundado!

Shi-Fara, você pode cobrir as eleições...

Mas eu já escrevi a primeira parte do artigo! É um perfil de candidato.

Deixa eu adivinhar... é sobre você mesmo?

É, e sobre minha plataforma eleitoral!

Você vai me deixar cobrir a eleição.

Não.

Você VAI me...

Você não sabe fazer truques mentais, Ronald.

Por favor?

Não.

# Arte e literatura - Bibliotecária Lackbar

Obras de arte importantes da História da Arte Galáctica

* preciso saber estas pra <u>prova</u>

### A Mona Jedi

- a mulher nesta pintura tem um sorriso misterioso que é como o mistério da Força

### O Pensador Jedi

- esta escultura representa o foco e a concentração necessários para usar a Força

A Persistência ~~Hiperespaço~~

### Gótico de Tatooin

- um retrato de simples fazendeiro que contrasta co com a realeza de Naboo

EI, ROAN EU VOU ME CANDIDATAR A PRES. DO CONSELHO ESTUDANTIL. SERÁ QUE VOCÊ PODERIA FAZER UNS CARTAZES PARA MIM? - BILL

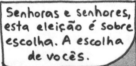

# HEPTA-FEIRA

Estou muito feliz que a eleição do Conselho Estudantil acabou, porque tive muito trabalho e no fim só deixei meus amigos bravos comigo. Eu estava me divertindo fazendo cartazes para Bill, inventando slogans e desenhando as figuras. Mas então Ronald pediu que eu fizesse cartazes pra ele. Eu ia dizer não, mas ele continuou pedindo e falando como meus cartazes eram bons e por fim eu concordei em fazer só alguns pra ele. Um tempo depois, Pasha me perguntou se eu tinha feito cartazes o suficiente, e apontou para o corredor. Não percebi que tinha feito tantos.

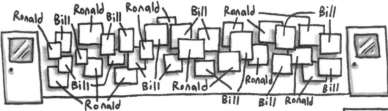

Eu estava me sentindo bem, e todo mundo pareceu gostar bastante dos cartazes, mas então Bill começou a agir estranho, como se não quisesse mais ficar perto de mim. Acho que ele se sentiu traído porque fiz cartazes para Ronald, então me arrependi disso. Especialmente porque, na metade do tempo, Ronald só me dizia o que desenhar e eu não pude ser muito criativo. Mas Cyrus e Cronah falaram comigo e não foram tão maus como de costume. Eles ficaram perguntando "Você vai votar no Ronald, certo?", e eu meio que fiz que sim e não disse nada, porque claro que ia votar no Bill. Mais tarde, Pasha, Egon e eu nos encontramos pra fazer a lição de matemática. Matemática parece bem complicado às vezes, mas tento me lembrar de que na verdade são apenas contas. Então contas parecem bem complicadas. Tipo, $x^2 - 12x + 27 = \emptyset$. Você não pode fazer isso nos dedos. Bill é bom em matemática, mas, quando perguntei se ele queria estudar com a gente, ele disse que precisava terminar a lição de história, o que pode ter sido verdade, mas acho que ele está chateado comigo por algum motivo.

# QUA-FEIRA

Não sei por que demorou tanto para os votos serem contados, mas descobrimos hoje que Bill não foi eleito. E, embora eu tenha votado nele, Bill está ~~definatamente~~ definitivamente bravo comigo.

RAOWRRRAR!

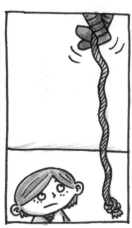

AROOWRRARRR!

Tá bom, estamos indo, não precisa gritar.

UFF!

con-se-gui!

Er...

Alguém pode me ajudar a descer?

**REUNIÃO DO CONSELHO ESTUDANTIL DA ACADEMIA JEDI**

Relatório especial para o Observador Padawan

Por Roan Novachez

1605 Eu oficialmente abro esta reunião.

V.P. Silva, presente.

Secretária Mary, presente.

1606 Introduzo uma proposta para me parabenizar por minha reeleição.

1607 Ah, é, parabéns para vocês também.

1608 Primeira ordem do dia: escolher um tema para o baile.

Baile dos namorados?

Viagem espacial?

Oceano?

Música Ewok?

Quadrinhos? Bonecos?

Zumbis?

Futebol? A Força?

1615 (Todo mundo ainda está pensando.)

1625 Que tal sabres de luz?

Objeção! Já foi tema uma vez.

Vamos votar.

Todos a favor?

Dois a um...

O OBSERVADOR PADAWAN

VOL. MXII n.8

**1626** Quem vai organizar o baile?

Eu.

Gaiana e Carter queriam ajudar. Roan, você pode fazer alguns cartazes?

**1628** Os votos são 3 a 0 para o Roan fazer os cartazes.

**1637** Segunda ordem do dia: decidir como vamos levantar fundos para o torneio de sabres de luz.

**1640** Que tal uma venda de artesanato e bolos?

Boa ideia.

**1642** Terceira ordem do dia: Silva teve que ir ao banheiro.

**1650** Quarta ordem do dia: dez minutos entre as aulas é o bastante?

Não. Não mesmo.

Concordo.

**1655** Proponho que a gente peça ao mestre Yoda quinze minutos entre as aulas.

**1656**

Não. Heh Heh!

**1658** Sem mais a declarar, encerro esta reunião do conselho estudantil.

Devemos acordar o Roan?

ZZZZ

# Como falar com RW-22

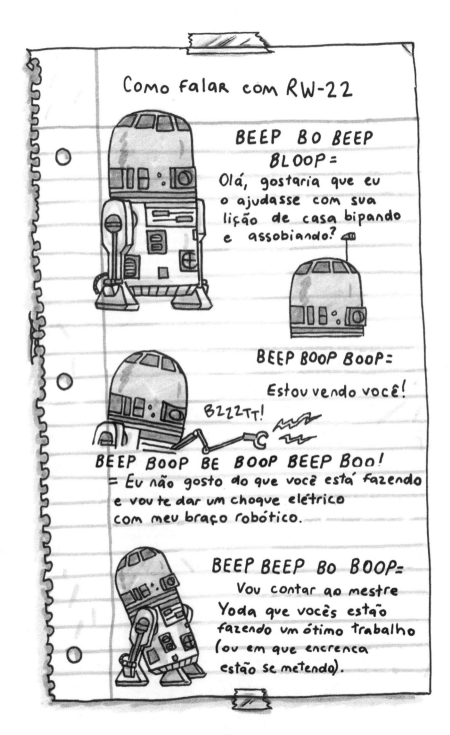

BEEP BO BEEP BLOOP =
Olá, gostaria que eu o ajudasse com sua lição de casa bipando e assobiando?

BEEP BOOP BOOP =
Estou vendo você!

BZZZTT!

BEEP BOOP BE BOOP BEEP BOO!
= Eu não gosto do que você está fazendo e vou te dar um choque elétrico com meu braço robótico.

BEEP BEEP BO BOOP =
Vou contar ao mestre Yoda que vocês estão fazendo um ótimo trabalho (ou em que encrenca estão se metendo).

Oi, Silva!

Oi, Cronah.

Você pode abrir esta lata?

Ah, claro.

Valeu!

Ei!

psshht!

POP!e!

Por que você é assim?

Mah-hhh!
Mah-hhh!
Mah-hhh!

Eu não sou uma cabra!

Cuidado, ele está bravo! O que você vai fazer, menino-cabra? Comer nosso lixo?

Há há!

Não ouça o que eles dizem, Silva!

Só estão tentando se sentir melhores consigo mesmos.

Valeu, pessoal.

Heh heh.

Vocês não deveriam atormentar tanto o Silva...

Roan, Roan, Roan...

♪ Não estava roan-cando ♪ na aula hoje? Roan-cando ♪ ♪ roan-roancando ♪

Há!

Há há há!

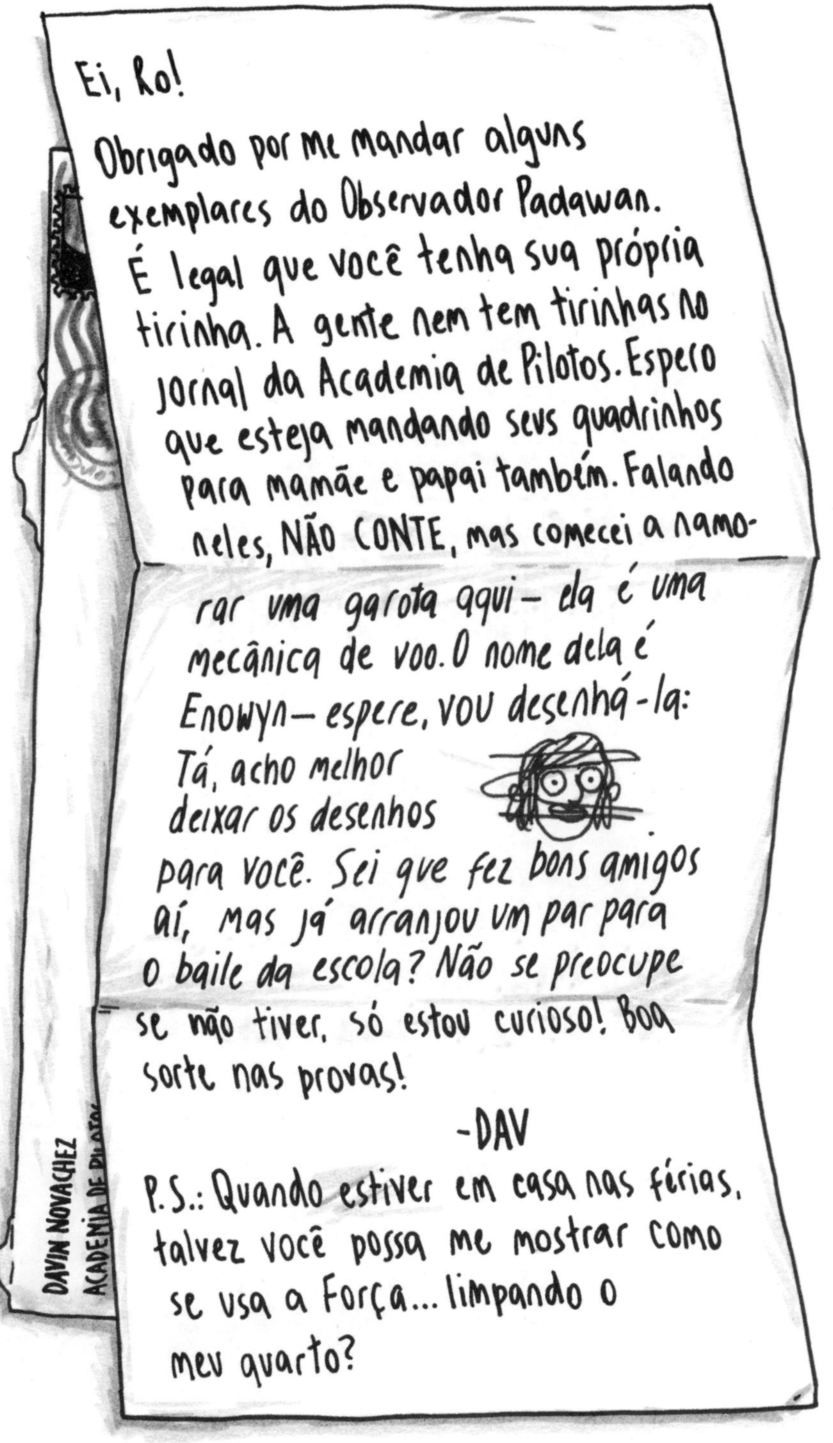

Ei, Ro!

Obrigado por me mandar alguns exemplares do Observador Padawan. É legal que você tenha sua própria tirinha. A gente nem tem tirinhas no jornal da Academia de Pilotos. Espero que esteja mandando seus quadrinhos para mamãe e papai também. Falando neles, NÃO CONTE, mas comecei a namorar uma garota aqui – ela é uma mecânica de voo. O nome dela é Enowyn – espere, vou desenhá-la:

Tá, acho melhor deixar os desenhos para você. Sei que fez bons amigos aí, mas já arranjou um par para o baile da escola? Não se preocupe se não tiver, só estou curioso! Boa sorte nas provas!

-DAV

P.S.: Quando estiver em casa nas férias, talvez você possa me mostrar como se usa a Força... limpando o meu quarto?

DAVIN NOVACHEZ
ACADEMIA DE PILOTOS

79

Cara, como essa lição tá difícil...

Nem me fale.

Construção de sabre de luz é muito mais divertido, mesmo que o sr. Garfield seja o professor.

É.

Que resposta você conseguiu para a questão 7?

Telepatia é a habilidade de detectar os pensamentos de outra pessoa. E você?

Quê? Minha resposta foi trezentos e quatorze.

Ahn?

Espere...você está fazendo a tarefa de História das Habilidades Jedi?

Não, estou fazendo Álgebra.

Ah, não, tem lição de Álgebra também?

Vai ser uma LONGA noite.

# PENTA-FEIRA

Nesta semana, passei bastante tempo me preparando para o baile. Mary é a organizadora, e Gaiana, Carter e eu estamos ajudando. Passamos algumas tardes só trabalhando nos cartazes. Parece que eu só faço isso por aqui, então, se eu conseguir entrar na Academia de Pilotos, posso talvez arranjar um emprego fazendo cartazes, porque não sei se sirvo pra ser Jedi. Todos os outros parecem aprender tão fácil...

Pasha consegue fazer várias coisas com a Força. Cyrus é superatlético: semana passada enfileirou quatro de nós e então pulou por cima da gente. Tudo bem que somos os quatro alunos mais baixinhos da classe... Egon é calmo e focado. Tegan tem muito controle e liderança.

Gaiana é compassiva. Eu sei desenhar, mas não imagino o que isso tenha a ver com ser um Jedi. Pelo menos os outros alunos são bem legais. Depois que terminamos os últimos cartazes, Carter sugeriu que jantássemos juntos, mas a cantina já estava fechada. Então fomos comer pizza. Estava razoável, mas não tão boa quanto a pizza gêmea assada no sol que mamãe faz em Tatooine, que é a MELHOR. Enfim, fiquei acordado até tarde, por isso não consegui acordar no dia seguinte. Devo ter desligado o alarme em vez de apertar o botão de soneca, e quase não cheguei a tempo na aula.

Ee Choya! Danvay!

Isso é seu despertador, Piloto Ewok.

Ei, Bill, queria pedir desculpas por aquela história da eleição...

Não se preocupe. Encontrei algo de que gosto mais do que política: mÚSicA!

BAILE → HOJE

Agora sou DJ!

CERTO, PESSOAL! VAMOS DANÇAR!

Droga! Todo mundo que eu conheço está dançando. Com quem vou conversar?

Ei, Roan, não quer dançar com a gente?

Er, hm, ainda não...

Vou pegar outro copo de refrigerante...

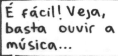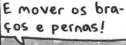

85

# MONO-FEIRA

Não tenho conseguido dormir muito bem
nos últimos dias, e não sei por quê. Primeiro
pensei que talvez tivesse bebido muito
refrigerante no baile, mas isso não
explica as outras duas noites. Acho
que estou um pouco ~~ancioso~~ ansioso.
Ainda não sou muito bom em erguer
coisas com a Força,
mas estou tentando.
Consigo levantar
livros agora — bem,
__UM__ livro. Um livro.
Um livro de cada vez.
E só os finos. Não os grandes,
de capa dura. Yoda fica me dizendo que
preciso parar de tentar, mas isso não faz
sentido nenhum. Cyrus também foi um
babaca na aula por causa disso.

Ei, Pasha... Você já, tipo, beijou uma garota?

Se eu já beijei uma garota? Ah, é claro que já.

Eu já beijei uma garota. Algumas vezes.

É, eu também. Semana passada, na verdade.

E quanto a você, Roan?

Ah, é. Quer dizer, claro.

Nenhum de nós já beijou alguém, né?

É... Avós contam?

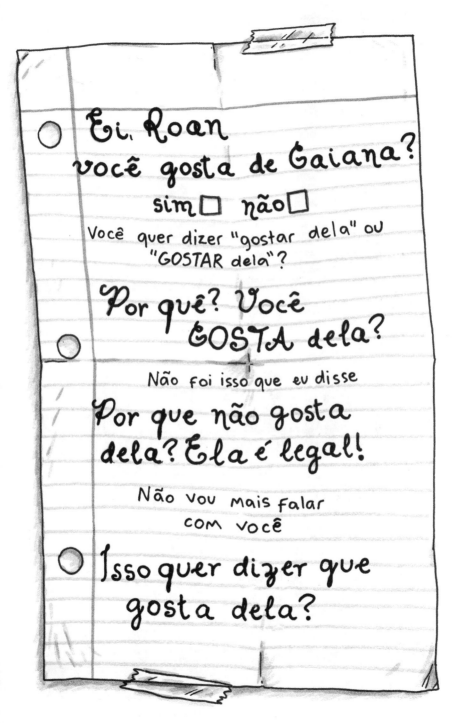

## DUO-FEIRA

consegui terminar minha pesquisa sobre
escultura mandaloriana alguns dias
antes do prazo, e a bibliotecária
Lackbar me deu 10. E já fiz os
~~exames~~ exames
da sra. Pilton. Ela
sorri bastante,
e não sei se
estamos indo bem
porque ela é super-
positiva ou se ela só está
feliz porque somos uma turma boa. Só
tenho mais uma prova: Elevação Básica
com a Força. Aprendi que quando Yoda
ri é um bom sinal, então espero que ele
esteja de bom humor e rindo bastante.

Maravilhosooooooo!

Bem você foi. Heh heh!

Sua vez agora é, Roan.

FLIP

Hmmmm.

Jo-Ahn?

Esse "hmmm" não quis dizer "bom trabalho", né?

Acho que não.

| ALUNO: ROAN NOVACHEZ | | |
|---|---|---|
| NÍVEL: PADAWAN | SEMESTRE: 1º | |
| TURMA: MESTRE YODA | | |
| BOLETIM | | |

| MATÉRIA | OBSERVAÇÕES | NOTAS |
|---|---|---|
| ELEVAÇÃO BÁSICA COM A FORÇA [MESTRE YODA] | Atrás dos colegas Roan está. Parar de tentar ele precisa, e simplesmente fazer. | 3 |
| HISTÓRIA GALÁCTICA [SRA. PILTON] | Excelente. gostei do uso de ilustrações nos trabalhos de pesquisa. | 10 |
| ÁLGEBRA [SRA. PILTON] | Muito bom uso da multiplicação. | 8 |
| CIÊNCIAS [DIRETOR MAR] | BOM TRABALHO, EXCETO PELO PROJETO DA FEIRA DE CIÊNCIAS. | 7 |
| ARTE E LITERATURA [BIBLIOTECÁRIA LACKBAR] | Roan tem ótima compreensão textual e senso estético. | 10 |
| INTRO. À CONSTRUÇÃO DE SABRES DE LUZ [SR. GARFIELD] | BOM, MAS PODERIA USAR MAIS A CRIATIVI-DADE AO FAZER O SABRE DE LUZ. | 9 |
| EDUCAÇÃO FÍSICA [KITMUM] | | ☹ |

# QUA-FEIRA

É estranho estar em casa. Não acredito que sobrevivi meio ano na Academia Jedi. Mesmo assim, não me sinto mais perto de me tornar um Jedi. E não poderia estar mais longe de me tornar um piloto. Os dois últimos números do Catálogo Trimestral de Caças Estelares estão aqui, e eu não reconheço nenhuma das naves. Fui à biblioteca do Templo Jedi algumas vezes para ler sobre as naves mais recentes, mas toda vez que fazia isso era encurralado pela bibliotecária Lackbar, que queria conversar sem parar, e eu acabava ouvindo ela falar por uma hora e não conseguia ler nada. A outra coisa estranha sobre estar em casa é Dav.

> Quer ouvir sobre fragatas médicas?

> E sobre naves de bloqueio?

Especificamente, o bigode dele. Acho que está bem engraçado. Mas mamãe fica dizendo que Dav está muito bonito.

> Que foi?

Ollie está bem diferente também. Está falando mais. E, mesmo que eu não consiga levantar muita coisa com a Força, Ollie está bem impressionado com minhas habilidades.

> Veja, Ro!

> Estou usando a Força também!

Deve ser legal ter a idade de Ollie. Você não tem que se preocupar em estudar, e todo mundo presta atenção em você e te dá comida e tudo o que você faz é brincar e ler quadrinhos. Você só não pode ficar acordado até tarde, que é o que Dav e eu temos feito (tirando uma noite em que ele teve que ligar pra NAMORADA dele).

Então, Roan, o que está rolando com você e Gaiana?

O que quer dizer?

Bem, você anda falando muito dela.

Ando?

Papai esteve em casa também e me perguntou muito sobre a Academia Jedi. Mas também conversa com Dav sobre coisas de piloto e daí eu me sinto excluído de novo. E nem posso falar com Reg e Jax. A gente se conhece desde que éramos bebês, e agora não temos nada em comum. É estranho que eu esteja ansioso pra que as férias acabem e eu possa voltar pra escola?

Blá-Blá-Blá-Blá Blá-Blá-Blá-Blá Blá-Blá

Blá-Blá Blá-Blá Blá-Blá-Blá Blá

Espere, agora o timer está rápido demais...

A coisa mais interessante que aconteceu nas férias: papai tentando programar a holocâmera pra tirarmos uma foto em família.

...e estamos trabalhando em uns droides novos que regam as lavouras sem reclamar tanto...

Oi, pessoal!

Oi, Reg! Oi, Jax!

Então, Roan...Como vai a... Academia Jedi?

Bem. Os alunos são quase todos bem legais...

Sério? Não são estranhos?

Er, não.

Vocês fazem coisas estranhas?

Enfim, vocês viram os novos J-47s?

O que é isso?

Só o caça estelar que vamos poder pilotar depois das férias!

Vejo vocês depois!

Tchau!

Eu construí meu próprio sabre de luz!

O que é um sabre de luz?

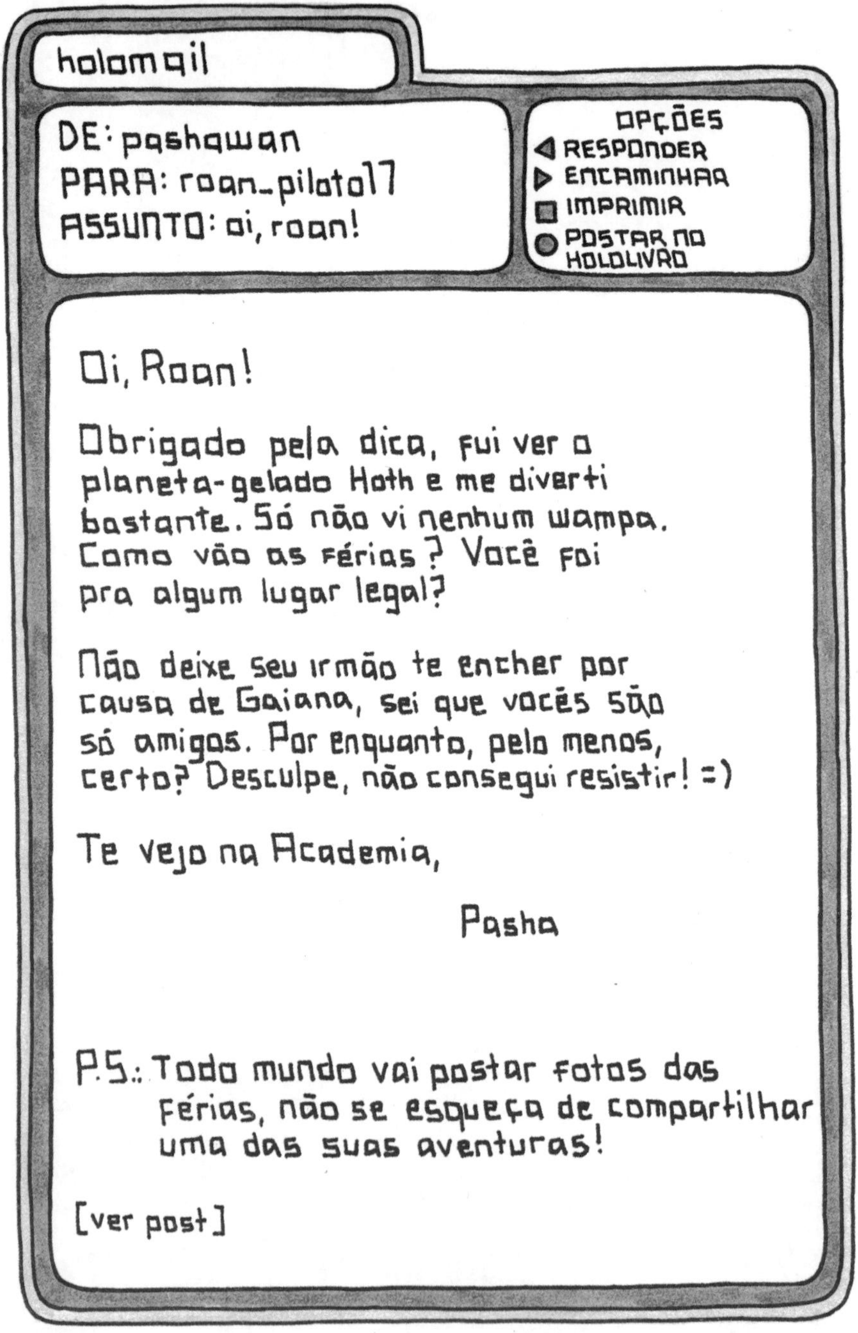

DE: pashawan
PARA: roan_piloto17
ASSUNTO: oi, roan!

OPÇÕES
◀ RESPONDER
▶ ENCAMINHAR
■ IMPRIMIR
● POSTAR NO HOLOLIVRO

Oi, Roan!

Obrigado pela dica, fui ver o planeta-gelado Hoth e me diverti bastante. Só não vi nenhum wampa. Como vão as férias? Você foi pra algum lugar legal?

Não deixe seu irmão te encher por causa de Gaiana, sei que vocês são só amigos. Por enquanto, pelo menos, certo? Desculpe, não consegui resistir! =)

Te vejo na Academia,

                    Pasha

P.S.: Todo mundo vai postar fotos das férias, não se esqueça de compartilhar uma das suas aventuras!

[ver post]

| ALUNO: ROAN NOVACHEZ | |
|---|---|
| NÍVEL: PADAWAN | SEMESTRE: 2ª |
| TURMA: MESTRE YODA | |
| PROGRAMA DE AULAS | |

## 0730 - 0850: INTRODUÇÃO AO USO DA FORÇA

□ MESTRE YODA VAI CONTINUAR TREINANDO OS ALUNOS PARA ERGUEREM COISAS CADA VEZ MAIORES.

## 0900 - 0950: PRINCÍPIOS DA FORÇA

O MESTRE YODA VAI FALAR SOBRE VÁRIOS ASPECTOS DA FORÇA E SUA FILOSOFIA.

## 1000 - 1050: MATEMÁTICA DA FÍSICA

A SRA. PILTON VAI ENSINAR AOS ALUNOS EQUAÇÕES MATEMÁTICAS QUE REGEM AS LEIS DA FÍSICA, E TAMBÉM COMO SUPERAR ESSAS LEIS.

## 1100 - 1150: BIOLOGIA DE ESPÉCIES NÃO HUMANAS

O DIRETOR MAR VAI ENSINAR OS ALUNOS SOBRE FORMAS DE VIDAS CONHECIDAS ATRAVÉS DA GALÁXIA. INCLUI VISITAS AO ZOOLÓGICO E AO MUSEU DE CAMPO.

## 1200 - 1300: ALMOÇO

## 1300 - 1350: POESIA MANDALORIANA ANTIGA

OS ALUNOS VÃO ESTUDAR A POESIA DESSA ANTIGA CULTURA E ESCREVER A SUA PRÓPRIA, SOB ORIENTAÇÃO DA BIBLIOTECÁRIA LACKBAR.

## 1400 - 1450: EDUCAÇÃO FÍSICA

KITMUM VAI ORIENTAR OS ALUNOS A REALIZAR EXERCÍCIOS DE TREINAMENTO JEDI TRADICIONAIS.

## 1500 - 1550: COMBATE AVANÇADO COM SABRES DE LUZ

□ SR. GARFIELD VAI MOSTRAR AOS ALUNOS TÉCNICAS FUNDAMENTAIS PARA DUELAR COM SABRES DE LUZ.

# QUA-FEIRA

A primeira coisa que pensei ao voltar para a Academia Jedi depois das férias foi "é bom estar em casa", o que é estranho, porque eu acabei de voltar de casa. Tudo bem que vi uma patrulha de caças estelares no caminho para Coruscant e fiquei um pouco ~~decepicionado~~ decepcionado. Mas quando aterrissamos eu já estava feliz por ver meus amigos. Enfim, Pasha me perguntou se eu estava tentando esbarrar em Gaiana de propósito, porque eu estava passando bastante pelo dormitório dela, mas a verdade é que, depois de estar em Tatooine por algumas semanas, eu só precisava esfriar a cabeça, e, além disso,

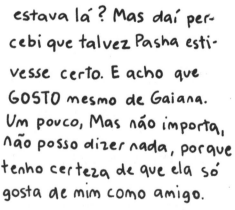

ventos frios

Dormitório de Gaiana

mais sombra

como poderia saber se Gaiana estava lá? Mas daí percebi que talvez Pasha estivesse certo. E acho que GOSTO mesmo de Gaiana. Um pouco, Mas não importa, não posso dizer nada, porque tenho certeza de que ela só gosta de mim como amigo.

Pasha e Egon têm praticado bastante para o torneio de duelos com sabres de luz. Eu fui a algumas das sessões de treinamento, mas parece que ninguém sabe muito bem o que está fazendo. Todo mundo só fica pulando de um lado para o outro e balançando os sabres de luz para a frente e para trás. Eles dizem que já duelaram antes, então talvez eu esteja errado. Pedi a Pasha que me desse umas dicas e ele disse que vai me ajudar.

Toda aquela alegria por estar de volta só durou até a minha primeira aula de Introdução ao Uso da Força. Ainda estamos nos acostumando a acordar para as aulas BOCEJO de novo depois das férias, então espero que Yoda não pense que estamos entediados. Yoda teve uma conversa comigo, aliás. Ele me

Só muito cansado!

Usar a Força você consegue!

incentivou bastante, então acho que ainda tem fé em mim. E é 700 anos mais velho que eu, talvez saiba do que está falando. Mas e se eu tirar outro 3? Eles vão me mandar de volta pra Tatooine? E se perceberem que eu não sirvo pra ser Jedi?

# GANHE CRÉDITOS EXTRA
### Faça parte da
# BANDA
### da Academia Jedi

O professor visitante Kroeber Loger vai ensinar os alunos a tocar instrumentos musicais especializados para acompanhar o Clube de Coral.

## PROCURA-SE PADAWAN ENTREGADOR DE JORNAL
para o Observador Padawan. Traga a alegria das notícias aos alunos da Academia Jedi! Para mais informações, fale com Tegan.

## EQUIPE DE DEBATE
Você deve se juntar a nós ou não? Venha à reunião na tri-feira à noite para ouvir os motivos para entrar ou não na equipe.

## CONHEÇA NOSSO NOVO DROIDE DE PROTOCOLO, T-P30

MONO-FEIRA às 1200

### Promovido pelo Clube de Robótica

## POR FAVOR! NÃO SE ESQUEÇA DE RECICLAR SEUS
### CONVERSORES DE ENERGIA

Uma mensagem do Clube Ambientalista

# O OBSERVADOR PADAWAN          VOL. MXII n.9

... então, finalmente, o Clube de Robótica gostaria de apresentar nosso novo droide de protocolo, T-P30.

Obrigado, mestre Bill.

É um prazer conhecer todos vocês!

Deixem-me começar falando um pouco sobre mim mesmo...

... e, assim, apenas dez anos após ser produzido, eu fui para Ossus, onde blá-blá-blá e depois disso passei os dez anos seguintes aprendendo dois milhões de línguas, incluindo jawa, geonosiano, togruti, chamados de acasalamento bantha, blá-blá-blá-blá-blá-blá-blá-blá-blá-blá-blá-blá-blá-blá-blá-blá-blá-blá-blá-blá-blá-blá-blá-blá-blá-blá-blá

ZZZZZZZZZZZZZZZZZ

Ah, não.

RONCOS

# TORNEIO DE DUELOS COM SABRES DE LUZ

## TESTES SEMANA QUE VEM!

CINCO VAGAS DISPONÍVEIS PARA CADA EQUIPE. A EQUIPE A SERÁ TREINADA PELO MESTRE YODA. A EQUIPE B SERÁ TREINADA PELO SR. GARFIELD. A EQUIPE C VAI SENTAR NAS ARQUIBANCADAS E TORCER POR TODO MUNDO. CUIDADO COM AS FAÍSCAS!

NÃO SE ESQUEÇA DE TRAZER SEU SABRE DE LUZ

## HEXA-FEIRA ÀS 1600 NA ACADEMIA

# HEXA-FEIRA

Pasha, Egon e eu estamos treinando para o torneio de duelos com sabres de luz. Nos testes, você não precisa duelar com ninguém. Só pular de um lado para o outro e mostrar que sabe girar seu sabre de luz do jeito certo. Como não posso ser um piloto estelar, esse é o máximo de diversão que vou ter. Estou ficando melhor em pular segurando o sabre de luz, mesmo quando não está desligado. Não é tão assustador quando você usa a Força (ou, pelo menos no meu caso, sente a Força). Mas aprendi a não praticar dentro do quarto. Voltei pro dormitório depois do treino e não sei o que fiz, dei um pulo ou algo assim, e meu sabre de luz ligou e cortou um canto do sofá. Então agora tenho que sentar do outro lado até que seja consertado, o que é justo. O pior é que Yoda viu tudo acontecer. Ele notou que eu fiquei chateado e tentou me animar, mas não sei se o que ele disse foi bom ou não. Mesmo assim, acho que Yoda gosta bastante de mim.

> Mal você não está indo, já que mais tarde começou.

O sr. Garfield, porém, definitivamente NÃO GOSTA de mim. Na verdade, acho que ele não gosta de NINGUÉM. Sei que ele é um grande Jedi e blá-blá-blá, mas esta semana está substituindo o diretor Mar nas aulas e tem sido horrível. O Sr. G. deu uma prova surpresa sobre a história do Império Xim no Aglomerado Tion antes da fundação da República Galáctica. Tentamos explicar pra ele que a gente nem viu esse assunto em aula, mas ele disse que não importava, por-

Mas isso é história antiga!

Sua nota nesta disciplina é que está prestes a fazer história.

que deveríamos saber a história mesmo assim. A maior parte da classe tirou uma

CÊ-DÊ-EFES

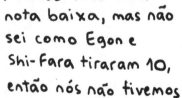

nota baixa, mas não sei como Egon e Shi-Fara tiraram 10, então nós não tivemos como discutir. Pasha e eu fizemos uma lista do que fazer e não fazer quando o sr. Garfield está dando aula...

| FAZER | NÃO FAZER |
|---|---|
| - Prestar MUITA, MUITA atenção | - atrair atenção para si mesmo |
| - parecer ocupado | - Qualquer barulho |
| - sentar com as costas retas | - sorrir (ou pior, rir!) |

Ei, por que estão rindo aí no fundo?

Háháhá! Hi Hi!

Er, não é nada, sr. Garfield.

Deixe eu ver isto!

Qual de vocês desenhou isto?

Não foi a gente, foi o Roan!

É, ele está sempre desenhando.

O quê?! Eu não fiz isso!

Estou muito decepcionado com você, sr. Novachez.

Risos

Obrigado, hein, pessoal.

Hmm. O próximo candidato ao torneio de duelos...

...Roan é.

100 metros rasos

Teste de esforço na esteira

Pulos

Precisão com sabre de luz

Salto triplo

Desvio de lasers

Bew!

Bew!

Bew!

Giros

Muito bom. Obrigado, Roan.

Se a gente ganhar um bônus por suor, eu definitivamente passei!

Eca, cara!

# TRI-FEIRA

Acho que fui bem nos testes. Foi bem puxado, mas comparado ao trabalho em Tatooine não foi tão ruim. RW-22 e T-P30 ficavam falando quando as pessoas estavam prestes a começar as provas e as distraíram algumas vezes. Tipo, Silva tropeçou na corrida, embora tenha parecido aliviado por ter sido desqualificado.

← eu em Tatooine

> A chance de Silva correr os 100 metros rasos em doze segundos é aproximadamente uma em quatrocentas e setenta e duas mil.

Acho que Yoda ia dar outra chance pra ele, mas o sr. Garfield disse que todos deveríamos aprender uma lição com Silva. Pasha, Egon e eu queríamos continuar treinando depois dos testes, então juntamos um pouco de dinheiro e compramos nosso próprio droide

> UM JEDI DEVE SER CAPAZ DE FOCAR E IGNORAR DISTRAÇÕES.

de treinamento. Ele flutua e lança pequenos choques de laser na sua direção. Estou ficando bastante bom em desviar dos lasers — acho que porque realmente não quero levar um choque.

ATIRADOR-H TREINADOR DE DUELO REMOTO

PERIGO:

Gaiana, Tegan e Shi-Fara vieram treinar

com a gente
algumas vezes.
Gaiana é muito boa.
Fiquei tentando
observá-la (porque
acho que posso apren-
der com as técnicas dela). Talvez eu per-
gunte se ela quer vir praticar mais
algum dia na semana que vem. Também
deixamos Cyrus pegar o droide emprestado.
Ele disse que o queria só por algumas
horas, mas Pasha teve que ir buscá-lo
depois de dois dias. Quando o pegamos de
volta, estava meio amassado, e um dos
lasers não funcionava mais. E tinha algum
chiclete gosmento
ou algo assim gru-
dado nele. Egon
disse que sabia
que isso ia
acontecer, mas
Pasha e eu

pelo
menos
ainda
← flutua

ficamos surpresos. Egon disse que é
porque somos legais demais. Eu ainda
não acho que ser legal seja uma coisa
ruim, mas não vamos deixar Cyrus
pegar emprestado o droide de novo.

# Coisas que Yoda disse esta semana

Inseguros agressores são, hmm? Bravos, hm? Para o lado sombrio o *bullying* pode levar.

Ignorá-los você deve. Seu tempo eles não merecem.

Grandes muitos agressores são, hm?

Mas tamanho não importa.

Pequenos alguns agressores são, também.

Mostrar compaixão um Jedi deve. Não humilhar os outros, hm?

Hmmm. Mais sobre si mesmo as palavras de um agressor são.

Com o que os outros pensam um Jedi não se preocupa.

RW-22 não quer rodar o slideshow para minha aula...

BEEP BOOP

Alguém sabe como fazê-lo funcionar?

Deixa eu ver... Se mexermos nisto...

Use esta caneta, Roan.

Eu acho... Eu...

Tente bater na cabeça dele, Pasha.

Pronto.

clank

Certo, turma, vocês vão ter que ficar de ponta-cabeça pra aula de hoje.

ELETRO-DINÂMICA QUÂNTICA

# PILOTO EWOK

Por Roan Novachez

Piloto Ewok, você precisa começar a usar seus lasers em batalhas.

Além disso, aquele era o **MEU** caça!

Yub Yub!

Desculpe, Piloto Ewok, mas você está demitido.

Yub?

Continua...

# HOLÓSCOPO!

Por Jo-Ahn

| RANCOR | WAMPA | BOGA |
|---|---|---|
| A Força é forte em você hoje. | Trará para a aula apenas o que puder carregar consigo. | Sinto um grande distúrbio em sua tarde. |
| **BANTHA** | **NEXU** | **DEWBACK** |
| Hoje é um bom dia para abraçar um Wookiee. | Você está condenado! Melhor ficar na cama. | Cuidado com droides bipando para você. |
| **NERF** | **TAUNTAUN** | **MYNOCK** |
| Às vezes é mais fácil trabalhar em equipe. | Ações resolutas o deixarão feliz. | Não se preocupe demais, isso não ajuda! |
| **SARLACC** | **ACKLAY** | **OPEE** |
| Use seus sentimentos! | Não se esqueça de ser flexível. | Hoje é um bom dia para ir com calma. |

DE: mestre_yoda_642
PARA: Turma de Padawans
ASSUNTO: Classificados para o torneio

OPÇÕES
◁ RESPONDER
▷ ENCAMINHAR
◻ IMPRIMIR
◉ POSTAR NO HOLOLIVRO

Querida turma de Padawans,

Para o torneio de duelos com sabres de luz deste ano, os alunos classificados são:

1. Pasha *
2. Cyrus *
3. Jo-Ahn
4. Egon
5. Tegan
6. Cronah
7. Gaiana
8. Shi-Fara
9. Greer
10. Roan

Clique aqui para ver o holovídeo dos testes classificatórios

*Pelos capitães dos times [os dois primeiros classificados] as equipes serão escolhidas.

A todos, PARABÉNS! Heh heh.

— Yoda

# HEPTA-FEIRA

Consegui! Fui classificado para o torneio de duelos com sabres de luz! E meu time é o melhor, eu acho. Pasha é o capitão da equipe A e Cyrus é o capitão da equipe B. Hoje eles escolheram os times. Pasha me escolheu primeiro — acho que algumas pessoas ficaram surpresas, porque eu não sou exatamente o melhor, mas Pasha me viu treinar bastante. Achei que Cyrus fosse escolher Cronah primeiro, e acho que Cronah também pensava assim, porque quando Cyrus escolheu Jo-Ahn, Cronah fez uma cara triste. O resto do meu time é Gaiana, Tegan e Egon. Cyrus escolheu Cronah, Shi-Fara e Greer. Estou feliz por não estar no time de Cyrus, mesmo que ele tenha um capuz legal e tudo o mais. Cronah me olhou feio depois, por isso não consigo imaginar fazer parte do time dele. Não acredito que quase perguntei se ele queria ser meu parceiro de laboratório na primeira semana de aulas! Teria sido um desastre. Mas essa história toda de Torneio de Duelos

A gente não deveria trabalhar no projeto?

Não! Estou ocupado demais parecendo emburrado.

está tomando bastante tempo. Ainda não terminei minhas próximas tirinhas do Piloto Ewok. Como metade da equipe do jornal está no Torneio de Duelos, aposto que o

próximo número vai sair atrasado, de qualquer jeito. Às vezes me sinto sobrecarregado, porque sempre há tanta coisa pra fazer, mas prefiro ficar ocupado.

Assim não fico pensando tanto na Academia de Pilotos. Ou talvez esteja pensando menos sobre me tornar um piloto... Agora é difícil pensar em deixar meus amigos daqui. Hoje Pasha convidou todo mundo do seu time para um jantar de comemoração. Gaiana pediu que eu a encontrasse no dormitório dela no caminho, pra ter certeza de que ela não iria se atrasar. O que foi estranho, porque ela nunca chega atrasada.

# Princípios da Força

## Criaturas
### capazes de resistir à Força

## 1. Hutts

- Truques mentais dos Jedi não funcionam com eles (talvez sejam grandes demais?)
- não conseguem correr rápido
- PODEM ser erguidos pela Força, porque tamanho não importa

## 2. Toydarianos

- Truques mentais dos Jedi não funcionam com eles, mas truques mentais normais, sim

## 3. Ysalamir

- Criam uma bolha resistente à Força
- A maior parte vive em árvores

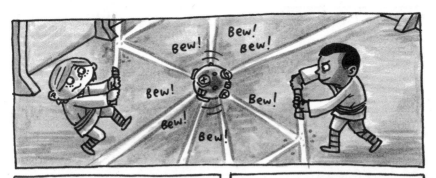

Bom trabalho, Roan... Tente isso, assim... virando pra baixo...

...você pode bloquear o sabre de luz do oponente, e daí contra-atacar.

Legal!

Ei, Pasha! Como vai o treinamento?

Oi, Cyrus. Oi, Cronah.

Ei, Roan, espero que me ponham contra você! Vai ser uma vitória fácil.

Não tenha tanta certeza, Cronah. Roan aprendeu muito.

Ah, é? Eu acabei de aperfeiçoar mais três golpes!

Veja!

Ahn, Cronah, espere...

Assim!

Buzzzz

Clique!

AI!

Zap!

Zap!

Zap!

Zap!

Zap!

Tentamos te avisar: o droide de treino está programado para detectar automaticamente sabres de luz ativados.

Vemos vocês depois.

Lembre-se, um Jedi sempre deve estar preparado!

Achei que isso fosse coisa dos escoteiros Padawans.

Deles também!

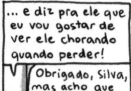

# PENTA-FEIRA

Decidi que vou considerar o Torneio de Duelos com sabres de luz uma vitória se não vomitar antes que comece. Ninguém mais parece estar especialmente preocupado. Só preciso me lembrar de que é apenas uma atividade ~~extracurricular~~ extracurricular, e não é como se tivesse algo a ver com me tornar um piloto. Vou tentar dar o meu melhor. E espero que não tenha que duelar com Cyrus, porque ele provavelmente acabaria comigo. Aposto que vou ter que lutar com Cronah, e vai ser muito irritante se ele me derrotar.

Siga o alvo, Líder Vermelho.

O quê?! Piloto Ewok?!

Ele está louco!

Bew!

Bew!

Bew!

Bew!

Bom trabalho, Piloto Ewok.

Não o incentive.

Chak! Ekla Drik! Ekla Drik!

# 149º TORNEIO

## ANUAL DE COMBATES COM SABRES DE LUZ DA ACADEMIA JEDI DE CORUSCANT

—✷○ Programação ○✷—

## COMENTÁRIOS DE ABERTURA
### Diretor Mar

## COMBATE DE APRESENTAÇÃO
### Sr. Garfield × (Mestre Yoda)

## PRIMEIRO COMBATE *Definitivamente!*
### (Gaiana) (Equipe A) × Greer (Equipe B)

## SEGUNDO COMBATE
### Roan (Equipe A) × (Jo-Ahn) (Equipe B)
*Será que vou ser o único da minha equipe a perder?!*

## TERCEIRO COMBATE
### (Egon) (Equipe A) × Shi-Fara (Equipe B)

## QUARTO COMBATE *desculpe, Shi-Fara!*
### (Tegan) (Equipe A) × Cronah (Equipe B)

## QUINTO COMBATE *esse vai ser difícil*
### (Pasha) (Equipe A) × Cyrus (Equipe B)

## PREMIAÇÃO
### Entrega pela Bibliotecária Lachbar

**Um coquetel com suco**
—✷○ **e biscoitos se seguirá** ○✷—
**ao torneio**

BRZKK!

PASHA!

Hein?!

CLIQUE!

Ei! Alguém desligou meu sabre de luz!

Ai, não.

Isso é trapaça!

Acho que Pasha está desclassificado.

Hmmm.

Desclassificado Pasha está. O duelo Cyrus ganhou.

ENCOLHIDO

# O Observador Padawan

EDITADO PELOS ALUNOS DA ACADEMIA JEDI- VOL. MXII n.14

## TORNEIO DE COMBATES COM SABRES DE LUZ TERMINA EM CONTROVÉRSIA!

### O PADAWAN ROAN NOVACHEZ É PEGO AJUDANDO O CAPITÃO A TRAPACEAR

O torneio anual de duelos com sabres de luz da Academia Jedi acabou em controvérsia quando o capitão do time A, Pasha, foi desclassificado depois que seu oponente, Cyrus, capitão do time B, teve seu sabre de luz desativado por um espectador (identificado como Roan Novachez). Embora Pasha estivesse na frente por dois pontos e dissesse não saber nada sobre a interferência, os juízes não tiveram escolha e deram a vitória a Cyrus. Como resultado, a equipe B, treinada pelo sr. Garfield, ganhou o torneio por três duelos a dois.

O mestre Yoda elogiou todos os competidores por mostrarem excelentes habilidades Jedi. A bibliotecária Lackbar foi então interrompida durante a Cerimônia de premiação pelo Presidente do Conselho Estudantil, Ronald, que insistiu em dar a Cyrus um "Troféu do Presidente" feito por ele mesmo e que nos obrigou a aguentar um discurso de dez minutos.

RESULTADOS DO TORNEIO:

APRESENTAÇÃO: Mestre Yoda venceu o sr. Garfield

1. Gaiana          Greer (3-0)
2. Jo-Ahn venceu Roan (3-1)
3. Egon venceu Shi-Fara (3-2)
4. Cronah venceu Tegan (3-2)
5. Cyrus venceu Pasha (D)
Equipe B ganhou (3-2)

HEPTA-FEIRA

Então é verdade. Eu trapaceei. Mas <u>NÃO FOI</u> como todo mundo está dizendo. Primeiro, Pasha realmente não sabia de nada, ele é completamente inocente. Não merecia ter sido desclassificado. Acho que provavelmente teria ganhado o duelo também, mesmo se perdesse outra rodada. E admiti logo de cara que fui eu. Como alguém pode ter pensado que foi de propósito? Todo mundo sabe como sou ruim em usar a Força. Pelo menos não aconteceu na aula, porque eu provavelmente seria expulso. Tenho certeza de que Yoda está decepcionado, mesmo que pareça não estar bravo. Pasha e o time devem estar querendo me matar. Por isso decidi evitar todo mundo. Pretendo ficar escondido até o fim do semestre.

Meros números o sucesso não é.
Mais que como o jogo termina ganhar é.
treinou o time perdedor

Ai, todo mundo deve pensar que sou um idiota...

BATIDA BATIDA BATIDA

Roan?

Hm, ele não deve estar aí...

Talvez eu consiga achar um lugar pra me esconder e estudar mais...

Se eu for mal na prova final, vou ser expulso com certeza...

Eu VOU acabar na escola de plantas, no fim das contas.

Ah, não, é Pasha!

## TRI-FEIRA

Achei que a Academia Jedi iria ser uma perda de tempo, mas acabou sendo incrível... pelo menos até semana passada. Não sei por que alguém iria querer ser meu amigo agora, já que todo mundo pensa que trapaceei, mesmo que não tenha trapaceado. Agora tenho que fazer minha prova final, e com certeza não vou passar, porque nem sei usar a Força direito. Pensei que, mesmo que não entrasse na escola de pilotos, pelo menos não teria que ir pra escola de plantas. Mas é lá que eu vou acabar depois desta prova. Passei o ano inteiro tentando erguer coisas com a Força, mas devia só parar de tentar. Espero que os outros não riam demais quando eu for mal nessa prova. Nem tenho vontade de desenhar mais.

Sua vez é, Roan, hm?

Minha vez de **fracassar**...

Depois disso vou direto pra escola de plantas.

Bem, é o fim.

Acho que posso parar de tentar tanto.

Uau!

Que foi?

Por que todo mundo está me olhando desse jeito?

Roan... olhe pra trás!

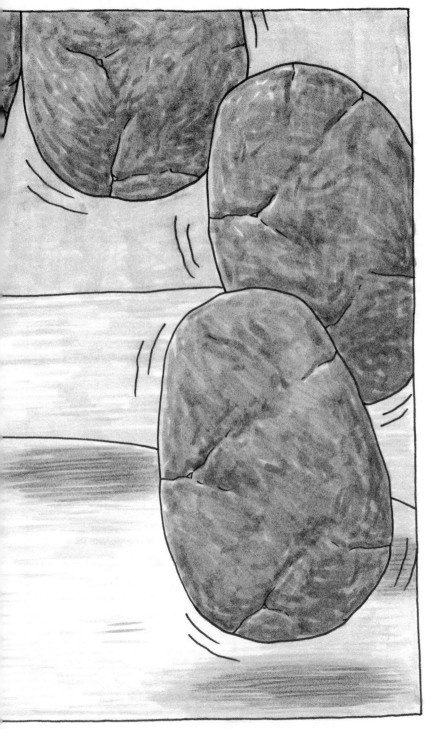

Todo mundo está me olhando de um jeito diferente...

...e, pela primeira vez, não porque fiz alguma besteira! Todo meu esforço finalmente valeu a pena.

Hmmm... Impressionante isso foi!

Obrigado, mestre Yoda!

Certo sobre você eu estava, hm? Um poderoso Jedi você pode se tornar.

Hm. Hesitação eu sinto em você?

Uh

Um Jedi você não quer se tornar, hm?

Ah, er, bem...

Hm...

Voltar ano que vem acho que você vai.

Bem, acho que posso tentar por mais um ano...

Heh Heh Heh!

| MATÉRIA | OBSERVAÇÕES | NOTAS |
|---------|-------------|-------|

**ALUNO:** ROAN NOVACHEZ
**NÍVEL:** PADAWAN | **SEMESTRE:** 2º
**TURMA:** MESTRE YODA
**BOLETIM**

| MATÉRIA | OBSERVAÇÕES | NOTAS |
|---------|-------------|-------|
| INTRODUÇÃO AO USO DA FORÇA [MESTRE YODA] | Impressionante, muito impressionante. | 10 |
| PRINCÍPIOS DA FORÇA [MESTRE YODA] | Bom, mas Roan fez muitas perguntas durante a meditação. | 8 |
| MATEMÁTICA DA FÍSICA [SRA. PILTON] | Apesar de desenhar nas aulas, Roan é bom em resolver equações. | 9 |
| BIOLOGIA DE ESPÉCIES NÃO HUMANAS [DIRETOR MAR] | ROAN TEM UM CONHECIMENTO NATURAL DE ANATOMIA ALIEN. | 9 |
| POESIA MANDALORIANA ANTIGA [BIBLIOTECÁRIA LACKBAR] | Boas interpretações, e foi bem ao fazer suas próprias rimas. | 10 |
| EDUCAÇÃO FÍSICA [KITMUM] | ✗✗✗✗✗✗✗ | ☺ |
| COMBATE AVANÇADO COM SABRE DE LUZ [Sr. GARFIELD] | RAZOÁVEL PARA UM INICIANTE. | 7 |

# Os prêmios de fim de ano do Observador Padawan!

| | | |
|---|---|---|
| **MAIORES CHANCES DE APARECER NA HOLOTEVÊ**  | **MAIORES CHANCES DE FICAR CARECA**  | **MAIORES CHANCES DE SE TORNAR UM SENADOR GALÁCTICO** |
| **MELHOR COLEGA** | **MAIS ATLÉTICO**  | **MAIS INTELIGENTE**  |
| **MAIORES CHANCES DE BIPAR CONSTANTEMENTE**  | **MAIS CRIATIVO**  | **MAIS BEM-VESTIDA** |
| **MAIS PREOCUPADO**  | **MAIORES CHANCES DE SER BEM-SUCEDIDO**  | **MELHOR DANÇARINO**  |
| **RODIANO MAIS BONITO**  | **MELHOR COORDENAÇÃO MÃO-OLHO**  | **MAIS CALMA SOB PRESSÃO**  |
| **MELHOR SENSO DE HUMOR**  | **MAIORES CHANCES DE SE TORNAR UM JEDI**  | **MELHOR CABELO**  |

O OBSERVADOR PADAWAN          VOL. MXII n.16

## DUO-FEIRA

Então, sobrevivi um ano inteiro na Academia Jedi... Finalmente peguei o jeito das coisas, mesmo que tenha levado um ano inteiro. Todo mundo parece me ver como parte da escola, sinto que pertenço a este lugar... e agora tenho que ir pra casa. Estava quase torcendo para que Yoda me dissesse para ficar aqui no verão para compensar meu 3 do primeiro semestre, mas ele decidiu que minha prova final compensava. Além disso, eu seria o único aqui, o que não seria nada legal. Ontem à noite, tivemos o jantar de despedida da Academia Jedi. Todos assinamos o anuário uns dos outros - até Cronah escreveu no meu, mesmo que tenha sido só uma piada sem graça. Várias pessoas pediram que eu de-senhasse o Piloto Ewok nos livros delas. Eu ia desenhar eu e Gaiana dançando no dela, mas desisti no último minuto, porque fiquei com medo de que os outros vissem. Vou sentir falta dela no verão. E de Pasha. Tatooine vai parecer ainda MAIS entediante sem eles.

Yeha!

Yoda pareceu um pouco emocionado. Vou sentir falta dele também. Em

Orgulhoso de vocês eu estou.

Uma boa turma vocês são.

especial agora que finalmente consigo entender o que ele está dizendo. Pelo menos a maior parte do tempo. Acho que ele gosta da gente. Mas, depois da prova final, ele tem me chamado pra conversar mais do que de costume e dito coisas confusas. Não

ESTOU DE OLHO EM VOCÊ!

como o sr. Garfield, que passou a maior parte do jantar de pé perto da parede, meio escondido nas sombras. Ele soltou um "Ahá" quando descobriu que vou voltar ano que vem, então acho que ainda não gosta de mim.

Outra coisa de que vou sentir falta é RW-22 bipando. No começo, tinha uma sensação constante de que a bateria do alarme de incêndio precisava ser trocada ou de que um caminhão espacial estava dando ré. Agora, quando

BEEP BOOP BLEEP

não ouço bipes, parece que está quieto demais. Definitivamente, vou desenhar mais neste verão. Talvez faça meu próprio livros de tirinhas pra mandar pra todo mundo. Mas agora chega de escrever, meu voo pra casa é amanhã e ainda preciso arrumar a mala!

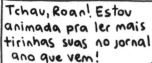
Tchau, Roan! Estou animada pra ler mais tirinhas suas no jornal ano que vem!

Obrigado!

Tchau, Tegan.

Oi, Roan. Não sabia que você podia usar a Força daquele jeito. Bem legal.

Hein?

Ah, sim, obrigado, eu...

Ei, não fique se achando!

Só estou contente que você não derrubou uma daquelas pedras na gente.

Há!

Bem, não vou sentir saudades DELES nas férias.

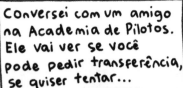

Conversei com um amigo na Academia de Pilotos. Ele vai ver se você pode pedir transferência, se quiser tentar...

Ah, obrigado, pai! Mas... acho que talvez eu fique na Academia Jedi, sabe...

Sério? Isso é ótimo!

Lar, doce lar!

Roan, chegou esta carta pra você... Conhece alguém chamado "Gaiana"?

Você e Pasha querem ir ao Corredor Corelliano comigo quando ele vier te visitar?

Roan, olhe! Estou usando a Força!

Ro, posso ver seu sabre de luz?

FIM (do ano escolar)

# FAÇA SEU PRÓPRIO DIÁRIO

Primeiro, encontre um caderno em branco.
O papel pode ser pautado ou não, tanto faz.

*divirta-se!

Desenhe quadrinhos! Mesmo se achar que não sabe desenhar, vá em frente! É divertido mesmo assim, e é o SEU diário!

escreva sobre o que aconteceu com você hoje

Cole algumas fotos suas e de seus amigos

Use diferentes tipos de canetas e cores!

Inclua alguns trabalhos de escola de que você gostou ou em que foi bem

* escreva pelo menos dez palavras por dia

corte e cole artigos de revistas ou recortes de jornal— qual é sua série de holotevê, filme ou livro preferido? Quais são as últimas notícias?

escreva seus momentos mais constrangedores — eles vão se tornar MENOS constrangedores e mais engraçados!

Há muito tempo, numa galáxia muito, muito distante...

Havia um garoto chamado Roan Novachez (sou eu!) que SEMPRE quis ser um piloto, mas acabou indo pra ACADEMIA JEDI. O primeiro ano dele começou SUPER MAL, mas terminou sendo ótimo! Esse próximo ano escolar com certeza vai ser o MELHOR DE TODOS!

eu, quando vim pra Academia Jedi

eu, começando o segundo ano: treinamento de Piloto Jedi!

Oi, Reg.
Oi, Jax.

Oi, Roan, onde você passou essas férias?

Fui pra Corrida Corelliana com meu amigo Pasha, da Academia Jedi.

Você voou na Corrida Corelliana?

Bom, tecnicamente meu pai pilotou a nave...

Ah é? Jax e eu voamos sozinhos algumas vezes no último semestre.

Ah... Bem, eu começo o treinamento de piloto semestre que vem na Academia Jedi.

# BEM-VINDO DE VOLTA À ACADEMIA JEDI

Ao retornar a Coruscant para outro ano na Academia Jedi, os alunos podem ter certeza de que vão continuar com o melhor treinamento Jedi da galáxia, sob a instrução de uma equipe Jedi experiente, incluindo o mestre Yoda. Neste ano, os alunos entrarão em uma fase nova e emocionante do seu treinamento: vão aprender a pilotar caças estelares Jedi em simuladores de voo de última geração, a continuar usando a Força e a resistir ao lado sombrio.

CONHEÇA O NOSSO MAIS NOVO FUNCIONÁRIO, GAMMY! O novo chef da nossa cantina, Gammy, é o primeiro Gamorreano a atingir o posto de chef gourmet galáctico, depois de passar anos treinando em alguns dos melhores restaurantes do planeta Lamaredd. Ele vai fazer

uma série de pratos deliciosos na cantina, incluindo receitas gamorreanas tradicionais com cogumelos, fígado e globos oculares.

---

NESTE ANO, nossos Padawans terão a ótima oportunidade de cuidar de um

bichinho de classe, este voorpak de Naboo. Os alunos deverão alimentar o voorpak com sua dieta de insetos vivos e certificar-se de que o pelo macio do animal esteja sempre limpo.

# TRI-FEIRA

Sei que a mamãe realmente vai sentir minha
falta esse ano, porque não me largava
sempre que eu estava em casa durante as férias. A melhor coisa
das férias definitivamente
foi ir à Corrida Corelliana
com papai e Pasha. O papai

**Awww, amorzinho!**

nos mostrou uns truques e até deixou a gente
ajudar a fazer as verificações de ~~manutenssão~~
manutenção na nave dele. Dav estava tendo
aulas nas férias, então não vi ele tanto quanto o
papai, mas a gente se falou várias vezes por holochat.
Tentei falar por holochat com Gaiana, mas nunca achava ela em casa. Ela viajou com a família
para Naboo e me mandou um
dente de peixe-garra-colo, o que é
bem legal. Fiz o desenho de um peixe-garra-colo
pra mandar pra ela. Vai ser ótimo ver ela e Pasha de
novo na escola, ainda mais porque vamos ter treinamento de voo. Finalmente, uma aula de alguma
coisa que eu sei fazer! A única parte ruim na Academia Jedi é a comida... No fim das contas, até
que dava pra engolir a comida da cantina, mas
não é tão boa quanto a da mamãe.
E a mamãe nunca me fez comer
NADA que me encare antes de
eu dar uma mordida!

Mãe, acorda! É hora de me levar pro espaçoporto!

Hum? Tem certeza? Que horas são?

Estou tão animado! Será que a gente já vai pilotar no primeiro dia? Pasha e eu vamos ficar juntos o tempo inteiro, não é legal? Aposto que Gaiana já está lá. Temos um monte de aulas juntos! Mal posso esperar!

Tchau, Dav! Tchau, Ollie!

BOCEJO.

Ai, não... Acho que esqueci de pôr cuecas na mala!

# MONO-FEIRA

Nem acredito em como a Academia Jedi está chata. Ninguém chegou aqui ainda. Pelo visto, eu vim uns dois dias adiantado. Acho que estava animado demais e não olhei o calendário direito.

Felizmente, o mestre Yoda está por aqui, se preparando para as aulas... Ele só fica arrastando os pés para lá e para cá, vascu-

Finalmente fui o primeiro a chegar na aula!

Guardei lugares para Pasha e Gaiana

lhando armários e tirando coisas de dentro deles. Ele me passou uns exercícios novos com a Força, então estou entrando no ritmo de novo. O resto do pessoal deve aparecer amanhã.

Mmmh heh heh!

Estou definitivamente pronto para o início das aulas!

Até que enfim!

Pasha!

Oi, Roan!

Quando você chegou?

Nem queira saber!

Oi, pessoal!

Egon! Bill, que bom que você está aqui... RW-22 fica me seguindo mas eu não sei o que ele está bipando.

BEEP BOOP BE BLOOP!

Ele disse que seu sapato está desamarrado.

Ah. É por isso que fico tropeçando...

OPA!

EMPURRÃO!

AI!

172

Jeffrey Brown é cartunista e autor do best-seller *Darth Vader e filho* e sua continuação, *A princesinha de Vader.* Ele mora em Chicago com a esposa e os dois filhos. Apesar de seus melhores esforços, Jeffrey nunca foi capaz de usar a Força, por isso teve que estudar em uma escola normal e nunca se tornou um Jedi. Ele ainda ama Star Wars.

Devo agradecer a muitas pessoas por tornar este livro realidade: Rex, Sam, Rick e todos da Scholastic; J.W. Rinzler, Leland, Joanne, Carol e todo o pessoal da Lucasfilm; Marc Gerald, Chris Staros, Brett Warnock, Steve Mockus minha família e amigos, além de todos os outros que me apoiaram lendo meus livros. Obrigado!

Impressão: RR Donnelley Março de 2016 - 2ª reimp. 1ª EDIÇÃO: Agosto de 2015

Tipologia: feita à mão por Giovanna Cianelli

Papel: Polén Soft 80g|m²

Yub Yub!